THE SELF-
DRIVEN TEAM

徐国允◎著

自驱型

管理

民主与建设出版社

·北京·

图书在版编目（CIP）数据

自驱型管理 / 徐国允著 . -- 北京：民主与建设出
版社，2021.6

ISBN 978-7-5139-3528-9

Ⅰ.①自… Ⅱ.①徐… Ⅲ.①组织管理学 Ⅳ.
①C936

中国版本图书馆 CIP 数据核字 (2021) 第 080062 号

自驱型管理

ZIQUXING GUANLI

著　　者	徐国允	
责任编辑	郭丽芳　周　艺	
封面设计	仙境	
出版发行	民主与建设出版社有限责任公司	
电　　话	（010）59417747　59419778	
社　　址	北京市海淀区西三环中路 10 号望海楼 E 座 7 层	
邮　　编	100142	
印　　刷	唐山富达印务有限公司	
版　　次	2021 年 8 月第 1 版	
印　　次	2021 年 8 月第 1 次印刷	
开　　本	880 毫米 ×1230 毫米　　1/32	
印　　张	6.5	
字　　数	120 千字	
书　　号	ISBN 978-7-5139-3528-9	
定　　价	48.00 元	

注：如有印、装质量问题，请与出版社联系。

前　言

团队管理实战派，让"小白"也能管出高绩效团队

好管理，有方法，管理实战派，教你从"小白"带出高业绩团队。这里的"小白"不是一个具体的人，而是指没有一丁点职场管理经验。

我是徐国允，大家都亲切称呼我为老徐。很多人在了解了我的经历后，喜欢把我称为管理专家。其实，我和大家一样，曾经也是个对管理完全没有概念的"小白"。刚毕业开始北漂的时候，我也是从月薪不到3000元的分析师起步，连交房租都困难，为此还在室友的沙发上睡了整整一年。

但从2008年开始，我的事业开始有了不同。在网易工作，我从普通记者一路晋升到栏目负责人，仅用了5年的时间就

成为财经深度记者里的 TOP10。仅仅 3 个人的小团队，却完成了柳传志、雷军、董明珠等中国上百位顶级企业家的采访和 2000 家上市公司的深度报道，并打造了重点品牌栏目《上市公司调查》，成为网易晋升最快的记者之一。

2014 年，我受到 58 同城 CEO 姚劲波的邀请，以一名产品经理的身份加入 58 同城。从零开始筹建金融事业部，团队峰值的时候有近 300 人，业务也是从零做到百亿规模，首创了互联网汽车金融产品——车商贷、车分期，成为最早的二手车电商及汽车金融的开拓者和成功者。

2016 年，我受到人人车 CEO 李健的邀请，以商业产品部副总裁身份加入人人车。当时负责 O2O 汽车电商商业收入变现，如汽车金融、保险、质保、保养等衍生业务，前后负责过产品团队、运营团队、销售团队、售后团队、渠道团队等，规模从月入千万操盘到了月入过亿。

2018 年，我加入了贝壳金服，担任运营中心副总裁。搭建"大中台"，为 20 多万房产经纪人赋能。

前

言

团队管理实战派，让"小白"也能管出高绩效团队

回顾这12年的职业生涯，我前前后后加起来管理过超过2万多人的团队，服务过的公司总人数超过20万人，面试过的人不下5000名，带领的团队创造的收益累积超过上亿元，帮助上千名管理者获得了职场上的成功。

很多人在听到这些数据后，都会大吃一惊，好奇我为什么可以把团队管理得这么好，为什么总能创造高绩效。其实我想说的是，团队管理是有方法可循的。

成为管理者之后，我发现90%的初级管理者很容易陷入以下困惑：

（1）我现在是管理者了，所有人都应该听我的，可为什么我安排的任务他们总完不成，还会有一堆理由，这样的团队是不是没救了？

（2）我觉得管理者应该让大家开心工作，创造好的团队氛围，可我们团队关系挺好就是不出业绩，为此领导觉得我们没有战斗力经常找我谈话，该怎么办？

（3）我不爱忽悠不爱给属下画饼，所以我干业务还行，

但要管人，我觉得自己没有那个领导力，可我又不甘心一直
做个基层的工作人员，怎么解决呢？

出现这三个问题，其实是因为初级管理者不懂怎么进行
团队管理，不知道进行团队管理的目的是什么造成的。那么
管理要实现的目的是什么？是高绩效。这句话怎么理解？

可以给大家分享我自己做小白管理者发生的事情，我管
理的是一个 4 人的小团队，当时我们要出一篇很重要的报道，
结果负责写稿的下属"失联"了，我整个人都急坏了，能跟
他联系上的人我都找了个遍，还是找不到人。一直到第二天
下午 4 点，我才终于联系上这名下属，原来他前一天晚上喝
多了，晕晕乎乎睡过去了，自然报道也没写……为此，领导
当着很多人的面把我严厉批了一通，问我为什么报道出不来？
问我团队怎么能管成这样？

听到这里，大家发现没有，当时我的领导对我的第一句
话是：为什么报道出不来？这句话实际说明领导最关心的是
什么？是结果。事实上，管理的一切手段，都是为了实现高

团队管理实战派，让"小白"也能管出高绩效团队

绩效，只有高绩效，才能让公司存在，发展下去，没有高绩效，即使大家一团和气，最终公司破产，大家还是各奔东西。

比如我的学生，我叫他王毛毛，他是一名在线教育公司电话销售的负责人，最开始他认为管理就是让下属服服帖帖听自己的话，结果管了半年自己忙得团团转，下属们也感觉自己没啥成长……在接受我的辅导一个月后，他自己的时间能多出 60%，而且团队的绩效上升了 30%。

我的前下属西西，身为女性管理者，最开始带 10 个人不到的团队，她认为团队就是要让大家"时刻感觉像家一样"，结果不到三个月，团队感觉是很像"家"，没有 KPI，准点上下班……她的领导却跟她谈话，说一半的员工想离职，因为他们反馈在这个团队看不到希望……后来在接受我的辅导之后，她快速调整了团队的管理方法，尽管有 5 名员工离职了，但团队从原来的 10 个人扩充到 20 人，团队的绩效也快速翻倍。

小伟也是我的学员，他曾经带着 200 人的团队，其中有

10% 的员工是跟着他从 0 开始的，但由于疫情暴发，公司做出调整，他需要裁掉一半的人，他觉得自己下不了手。在接受我的辅导之后，他理解作为管理者，不是让大家都在一条船上同归于尽，而是应该及时调整公司节奏，等大船走出逆境之后再召唤。最后，他留下来不到 100 人，继续带着团队提升业绩，帮着公司走出了困境。

那么，到底应该怎么进行团队管理？如何才能带领团队实现绩效目标？这正是我这本书想要教给大家的内容。在这本书中，我会将我 12 年的一线团队管理实践经验倾囊相授，告诉你从职场小白到管理上万人的公司总裁，我到底是怎么管理不同的团队，又是如何带领他们一次次抵达业绩的高峰？

本着对大家负责任的态度，我花了一年多的时间，对这本书的内容进行了反复打磨钻研，目的就是摒弃掉那些枯燥的管理词句，把团队管理讲得更透彻，更实操，更落地，让大家一听就懂，一学就会。最后，我把这 12 年价值百万的管

团队管理实战派，让"小白"也能管出高绩效团队

理方法总结成为这样一套方便记忆的公式：一个高绩效的管理者 = 告别三大认知陷阱 + 建立五种管理能力模型。

根据这套公式，我把本书内容分为两大模块：

第一模块是认知篇。在这个模块中，我会带领大家走出初级管理者的"三个误区"："越管越忙"，以为"领导力就是发命令"，还有习惯将自己定位为团队里的"救火队长"。我告诉你正确的做法是什么以及为什么要这样做，让你在晋升之初就成为一个目标清晰、具有领导力的管理者。

第二模块是实战篇。这个模块会和大家分享搭建高绩效团队管理者必备的"五力模型"，分别是趋势力、驱动力、现实力、算式力、优势力。这"五力"的核心能力对应的是：如何制定团队目标、如何优化团队班子、如何整合团队资源、如何狠抓团队的执行力以及如何精准用人和对成员进行驱动激励。通过这五种力量的蓄积，来精准实现你管理能力的全面提升。

　　我的这本书与市场上其他的团队管理书相比有什么不一样呢？

　　第一，这是一本团队管理实战书，作为一个不折不扣的团队管理实战派，我从 0 基础的小白做到了管理上万人团队的副总裁，在这本书中，我会将自己的实战经验倾囊相授。

　　第二，这是一本团队管理实践书，管理学大师德鲁克曾经说过：管理是一门实践的学问。我的课程会为你设计管理实践模板，把你在日常管理过程中遇到的问题以模板、工具的形式呈现出来，让你立马上手、学以致用。

　　第三,这是一本团队管理应用书，不是高高在上的理论学，而是学完马上就可以应用到实际管理过程的书，所以非常欢迎你在阅读的过程中反馈你的收获和遇到的问题，老徐我希望可以真正帮助到你。

　　如果你没有带领团队的经验，如果你是刚刚晋级的初中级管理者，如果你对自己的管理有要求，或者你只是对团队管理有想法，对老徐的 12 年的管理方法感兴趣，都欢迎大家

前

言

团队管理实战派，让"小白"也能管出高绩效团队

阅读我的这本书。通过这本书就可以完成管理者的自我升级，成功打造高绩效团队！

无绩效，不管理！希望团队管理与你悉心陪伴，能够让你在职业发展上越来越好！老徐与你，不见不散！

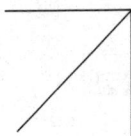

目 录
CONTENTS

第二部分　实战篇

搭建高绩效团队，管理者必备的"五力模型"

（一）趋势力：三个维度，找到团队发力方向

（二）驱动力：做好选育用留，配置高效能团队

目

录

第一部分　认知篇

走出管理的"三个误区"，
成为目标清晰的管理者

01

越管越忙

教你从『上手干』到『砍掉手』

当你成为一个小小管理者的时候，你有没有过这样的感受，本来以为"当官"了，终于可以喝着咖啡看看新闻了，结果你的每天可能是这样的：

● 早上一醒来，工作群里各种 @ 你的短信；

● 打开邮箱，上百封未读邮件等你回复；

● 到办公室，随时都有可能被人叫过去开各种会议；

● 忙了一天刚准备下班，某个下属又等在门口，说想和你聊聊工作；

● 终于到了周末，原以为可以歇口气了，结果老板又叫你，说某个数据需要尽快提供。

于是，你开始怀疑，这是怎么回事呢？为什么我当了管理者反而会越管越忙呢？而且这种忙看上去要形成恶性循环：

越管越忙

教你从"上手干"到"砍掉手"

那就是自己会成为一个停不下来的陀螺姑娘，一直在原地打转。

其实，在我最开始管理团队的时候，我的日常也是这样的，直到后来我才发现，原来我的管理进入了 95% 的管理者都会进入的误区：就是刚刚说到的"越管越忙！"大家在阅读本章节之前，我想给大家分享我的一个学员的故事，他就是我在前面提到的王毛毛。他之前是一名非常优秀的电话销售，在做了 2 年的销售代表之后，被提拔为销售经理，带着 5 个销售代表。在最开始当上销售经理的时候，他很开心，每次在电梯遇到自己的下属和自己打招呼，他都有一种"终于当个小官可以管着别人"的感觉。

可是很快，王毛毛就发现"管人可不是一件简单的事"。第一件棘手的事情是，王毛毛发现他的下属李伟，因为他刚来不久，对电话销售的工作也不是太熟悉，所以每次怎么给客户把产品介绍清楚这种事，都需要王毛毛手把手地教。一开始，王毛毛觉得这样子能带人，能教别人的感觉还挺好。

后来，他发现李伟需要帮忙的问题实在太多了，而且一遇到问题李伟自己不先想办法解决，而是直接来找王毛毛说："经理，我又不知道怎么办了，你能帮帮我吗？"

就这样，身为经理的王毛毛，每天要花大量的时间来帮助李伟解决工作中的常识性问题，感觉自己不像领导更像一个"老师"。甚至在遇到特别难搞定的客户时，李伟发现自己搞不定，王毛毛看李伟效率如此低下简直是浪费时间，只好说让我来吧！于是就撸起袖子自己干了。其他同事一看，原来自己的经理这么能干，也开始向李伟学习，只要遇到困难的问题，统统来找王毛毛。有时候王毛毛教了很多遍，发现下属还是模棱两可，考虑到每天的业绩压力，王毛毛想与其这样一遍遍教，还不如自己上手干来得快。10分钟能够解决的事交给下属去干，至少要花1个小时，而且下属干最多达到60分；自己干用不了10分钟就能搞定，最起码80分以上。于是时间一长，王毛毛发现每天都有大量的问题等着他去解决，只要他没快马加鞭地解决，这些问题就堆成了小山，教你从"上手干"到"砍掉手"

压得自己喘不过气来。

　　怎么办？到底是让下属干，还是自己干呢？如果让下属干，必定浪费更多的时间；如果自己干，自己还有其他工作要做，完全忙不过来啊！反倒是越干越累，越干越忙。王毛毛问我："老徐，这可咋办？总不能眼睁睁看着他们的问题不解决吧？"我笑了笑问王毛毛："你觉得管理者在管理的过程中到底在管什么呢？"他摸了摸头说："不就是管人吗？"我说这个答案只答对了一半，管人具体是管理人的什么呢？是管别人做什么呢？还是管别人想什么呢？他说，这个还没想过。

　　我告诉他说，其实管人是有一个金字塔方法论的。这个管理方法论也是我的老板教我的，他同时管理 5 个事业部，涉及公司 50% 以上的营业收入。他告诉我，管理是分层级的，这个层级构成了管理的金字塔模型。

　　什么叫金字塔模型？

　　详细来说，就是把管理的对象分为三层的金字塔结构。

其中，底层也就是第一层，是管人的行为。就是你让他干什么他就照着这么干，不让他干什么他就不能这么干。比如你让他炸薯条，他就按照薯条要求的大小、多少、油温、炸的时间等一系列标准去做，简单点说，就是你说标准和要求，让他照做。

第二层，也就是中间层，是管人的预期。预期是什么呢？预期就是在一件事中你和对方期望达到的效果。这个过程既包括对自己的预期，也包括对他人的预期。比如王毛毛和李伟，王毛毛首先要管理自己对李伟的预期，对于一名新员工来说，对他的预期是什么呢？可能是第一个月每天能打通30个客户电话，同时也要告诉李伟，第一个月的预期是每天最低完成30通电话；第二个月的期望是每天最低完成50通电话，逐渐进步……

第三层是顶层，管人的驱动力。什么是驱动力呢？就是类似一辆小汽车的发动机，如果你给这辆小汽车安上了发动机，这辆车自然会跑得很快。相反，如果你没有给他安装驱动，即便他有汽车的轮胎，也跑不快。在工作中也是一样的，人和人的驱动力不同。有的人是追求工资待遇不断提高，有的人希望自己的工作能被团队认可，还有的人希望团队氛围好，等等。

所以，这三个层次合起来，就构成了管理的金字塔模型。

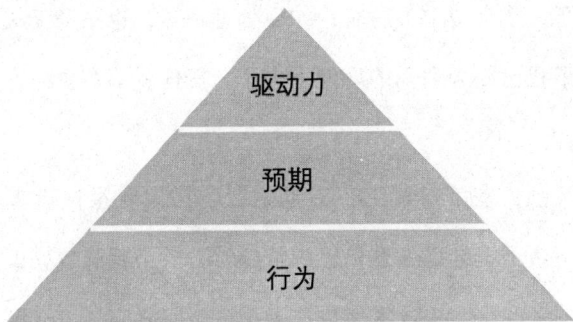

图 1-1 管理金字塔模型

我们回头再看看王毛毛的故事。

在王毛毛看来，管人就是让下属听他自己的话。所以，他在对下属的行为进行管理的时候就犯了第一个错——不是

自己做让下属照做，而是直接自己伸手做。那这种做法错误
在哪里呢？站在下属的角度，心想既然领导做得更好，那就
交给领导做吧。我有困难就来找你，谁让你是我的领导呢？
我的困难就像是我肩膀上的猴子，当我不知道怎么处理它的
时候，我就把这只猴子赶到你的肩膀上。你去处理好了，处
理对了，我觉得你很厉害；如果处理不对，也跟我无关，反
正猴子我已经赶到你的肩膀上去了，责任就都在领导你的身
上了。

　　所以，在第一层上，王毛毛犯的错误就是自己直接上
手替下属干，结果导致自己越管越忙，整个团队效率低下。
正确的做法是，先让李伟自己去想这个问题应该怎么解决。
如果他实在想不出解决方法，他可以去咨询同事，去查阅
书籍，去网上搜索，而不是一遇到问题，王毛毛就直接上手
帮他解决。

　　同样，在管理金字塔的第二层，王毛毛的错误在于他没
有给李伟设立预期。如果他希望李伟在第一个月每天能打通

30 个客户的电话，那么务必让李伟明确自己的目标任务。当王毛毛"感觉李伟没有达到自己的预期"时，其实是王毛毛没有管理自己对李伟的预期。正确的做法是王毛毛应该先和李伟充分沟通好对工作的预期，这样，如果李伟没有达到应该如何惩罚，达到了如何表扬，进一步提高李伟独立解决问题的积极性。

第三层，则是王毛毛在管理的过程中根本没有去思考李伟的驱动力是什么，只是思考了自己要什么结果，所以才会越管越忙。那么正确的做法其实是王毛毛需要在日常的工作中，通过观察，或者与李伟沟通，了解李伟在这份工作中想得到什么？通过李伟想得到的东西来激励李伟。

我把这些建议给到王毛毛后，他恍然大悟，原来管理的金字塔模型这么重要，自己之前从来没有这样想过，唯一想的就是为了干出结果自己能够上手干就干，总不能下属工作效率低就这样一直拖着吧，结果到最后完全应付不过来。他自己反思后告诉我，应该从自己"上手干"变成"砍掉手"，"砍掉"自己那只特别想伸出去自己干的手，把主动权交给下属，让下属真正行动起来。

于是，王毛毛很快在团队里实施起来。他先找到李伟，并针对李伟对这份工作的预期进行了详细沟通，让李伟建立起与自己同频的预期，并让他一步一个脚印寻找解决问题的方法，万一寻找不到解决问题的办法，自己再协助解决困难。当然，在这个过程中王毛毛也给李伟一个模仿过渡期，就是王毛毛先示范，李伟模仿，哪里不对再进行针对性的改正，直至王毛毛完全放手让李伟去操作。最后，团队也越来越有战斗力，而不再是王毛毛一个人在战斗了。

课程小结

怎么样？你在管理中对你的下属，从他的行为到他的预期，再到他的驱动力，有没有这么分层地去管理呢？今天的课程老徐想告诉你的是：能让我们从繁杂的管理中解放出来的最好方法就是，我们放手，尽量不去插手，而是让下属充分发挥他的能动性，只要在双方预期范围内一点点进步，团队的战斗力也会一天天提升起来。你学会了吗？

布置作业

亲爱的同学们，你听完王毛毛的故事，有没有相同的感受呢？老徐讲的金字塔的方法你掌握了没有呢？这三层的管理你到了哪一层呢？或者你经常在哪一层会遇到问题呢？我们今天的作业是，讲一讲你在过去的管理中忙得团团转的时候，你是怎么解决这个困难的？

02

领导力≠发命令
解锁高效团队的正确姿势

自
驱
型
管
理

作为初级管理者最容易陷入的第一个误区：什么事都自己亲力亲为，最终只会让自己越管越忙。针对这个问题老徐分享了管理的"金字塔模型"，第一层是管理行为，第二层是管理者预期，第三层是管理员工的驱动。对于每个层次，也举了不同的场景和正确的管理方法，你学会了吗？

那么，作为初级管理者，不光会有"什么事都要自己上手干"的管理误区，还有第二个误区就是：认为发命令就是领导力。仔细回想一下，你在工作中是不是也经常遇到这样的上司或老板：特别喜欢给下面的员工下达指令，以此来彰显自己的领导地位。

实际上，不光他们会遇到这样的领导，你当了管理者后可能也会出现同样的问题。那么，在本节中，老徐告诉你，为什么管理者在管理过程中靠的不是发命令而是领导力？什

领导力≠发命令

解锁高效团队的正确姿势

么样的领导力才是解锁管理高效团队的正确姿势？

在开始今天的课程之前，我先给大家分享一件发生在我身边的事情。

我朋友是在一家在线教育公司工作的，前阵子刚荣升主管，负责带领新媒体团队的 5 名 90 后。刚开始，他觉得自己是 85 后，无论是资历还是年龄都肯定在他们之上，这个管理工作应该就是小菜一碟。可让他没想到的是，在这个团队刚搭起来不到 3 个月，就有 2 名员工跟他提出要离职，这可让我朋友郁闷了：感觉这个团队平时氛围还挺好的，工资也在同行业平均水平之上，这两人为什么突然就想离职了呢？

为此，他和这两名要离职的下属好好聊了聊，结果居然发现，2 个人的离职原因是相似的：那就是他们天天接收到的都是领导安排的工作、命令、通知、要求，等等，根本没有空间去发挥自己的主观能动性，感觉自己没有发展空间。于是，提出离职。

听完这个故事，大家发现了吗？我朋友在这个管理过程中出现的最大问题是：误认为做一名管理者就是发布命令，误认为这就是领导力。而这也是很多管理者在一开始非常容易出现的问题。

为什么做一个好的管理者，靠的不是发布命令而是领导力呢？

我们先站在管理者的角度，来看看误以为"管理者等于发布命令"的第一个原因：

其实，这个问题在我刚开始做管理者的时候也困扰着我，后来我读到了管理学大师德鲁克对领导力的定义。他说，领导力就是把一个人的视野提到更高的境界，把一个人的成就提到更高的标准，锤炼其人格，使之超越通常的局限。看到这些，瞬间让我醍醐灌顶：

我们口中经常称呼为"领导"的人，其实指的是"管理者"这个身份，或者是一种权力，而领导力是指管理者自身所渗透出的气质，是管理者凭借其个人魅力和素质的综合作用，在一定条件下对个人或组织所产生的人格凝聚力和感召力，

领导力≠发命令

解锁高效团队的正确姿势

这也是保证团队高效成长、长远发展的重要驱动力。而这也是会有那么多人依然混淆领导和领导力的缘由。

站在员工的角度看，我们再来看看第二个原因：

在工作过程中，如果自己的领导或者管理者总是不断地给自己下达命令，呼三喝四，员工在工作中的感觉就是自己"被安排""被通知"，而这种被他人"随意支配"的感觉，是很多期望有自我发展空间的下属所不能忍受的。他们希望的是能有自我的发展空间，从而使得自身能力不断提高，视野不断开阔，个人不断成长。

比如，在刚才的故事中，从我朋友的角度看来，自己现在管理着 5 个人，自己就是领导，作为一位领导，代表着自己的身份和职权。那么，既然是一种权力，自己就可以给下属安排工作，发布命令让下属去干活。这么做的后果是"逼迫"下属离职。从下属的角度来看，你是在展示你的权力，而非在发挥领导力的作用。

既然从管理者和员工的角度来说，高效团队管理的正确姿势不是下达命令，而是靠管理者个人的领导力，那么问题也来了，既然领导力不是因为自己是领导而得来的，领导力应该从哪里来呢？

这个问题我同样从管理学大师德鲁克的书中找到了最圆满的答案。德鲁克说，真正的领导力应由获得追随者的能力来衡量，自认为是领导者而又没有追随者的人，只是在散步。对于这点，德鲁克的原话是这样的："总要有一个点是下属需要仰望的，那就是影响力，会正向地领导员工去工作，因为你就是坐标。"

也就是说我们实际管理中所说的领导力不是来自权力，而是来自他人的追随和仰望，这个"他人"可能不完全来自下属，也可能来自外部，但无论是下属还是外部，都是基于他们的追随。至于什么是"追随"，其实就是在某些方面，别人会仰慕你、信任你，心甘情愿从精神和行动上跟随你。这就意味着，我们每个人因为有某些方面的优点，都可以具备领导力。

02

发命令 领导力≠

解锁高效团队的正确姿势

　　在团队中，无论是我们的专业能力、我们的沟通能力，还是我们的某种品格，这些都可以是别人追随我们的点，也因为有了这些让别人追随的点，我们的领导力才能显现出来。

　　比如，我在 58 同城做管理者时，我认为我的领导力是基于我对二手车行业的专业能力，后来我发现我的团队中有人比我在二手车行业还资深。于是在一次团队建设活动中，我不经意间问大家，我们的业务一直非常辛苦，大家愿意追随我的原因是什么呢。我的几名下属告诉我说是我的领导力。然后我接着问，能具体点吗？结果让我意外的是，大家给我的答案是因为我有较强的战略判断能力。此外，更重要的原因是我对二手车金融这份事业的执着，因为我的执着，团队不论遇到什么困难，都愿意跟着我继续努力，不愿放弃。

　　所以在一个高绩效的团队中，一名管理者最重要的身份其实不是领导人，而是具备某种领导力的人，能够帮助其他人把视野提高到更高境界，这才是一名高绩效管理者应该有的正确姿势。你学到了吗？

课程小结

今天老徐给大家分享的是管理者容易遇到的第二个误区：认为领导力就是发命令。其实，领导力指的是通过个人具备的某方面的领导力来影响其他人，从而帮助其他人达到更高的成就。这个领导力的核心来源，可能是你的能力，可能是你的个人魅力，也可能是你的信念，但归根结底，你具备的这个"点"是能让别人愿意追随你的某种力量。你记住了吗？

布置作业

我们今天的作业就是结合自己管理的经验，总结一个你通过发命令来管人和通过领导力影响他人的案例，对比看看，两种不同的管理方式有什么区别？

03

告别『救火队长』

成为规则制定者

企业管理者经常遇到的两个棘手问题：一是为什么我们的管理会越管越忙，越管越乱？二是作为管理者，我们要带出高绩效的团队，为什么靠的不是下达命令，而是靠领导力。为了解决这两个常见的陷阱，我们学习了管理的金字塔模型，在三个不同层次学会了三种不同的管理方法。由此可见管理者如果纯粹靠下达命令，无论从管理者还是员工的角度都是完全错误的，相反，正确的做法是应该靠我们的领导力。但是，管理者在依靠自己领导力管理的过程中又会出现三个误区，最终领导将自己整成了"救火队长"，这是非常可怕的。

网上曾经爆出某互联网公司高管的绯闻，一下子引起轩然大波。要知道这可是高管后院起火，试想一下，如果这时

03

告别"救火队长"

成为规则制定者

你是该互联网公司的管理者，你会怎么做呢？到底是赶紧去给高管或者说是公司灭火，做一名冲在一线的救火队长，还是有其他更好的方法呢？如果你是领导者到底该怎么做才是最优决策呢？

其实在我做管理者的时候，也很多次遇到过类似的窘境。比如，我正急匆匆地坐飞机到其他城市谈业务，在我下飞机的时候可能就会突然收到短信说，我们团队的两名下属在办公室发生了严重的语言冲突；或者是我在公司外开某个重要的会议，收到同事报告说有客户因为某件事情处理不妥，怒气冲冲地跑到我们公司楼下"闹事"，诸如此类的紧急事务不胜枚举。

而最开始的时候，我也觉得这都是火烧眉毛的事情，好像特别需要我这个管理者赶紧冲到一线，当好"救火队长"，先去灭火，不然我的团队可能就会乱成一锅粥，但是正确的做法真的是这样吗？

我们再回到前面提到的互联网公司的高管绯闻事件中，

看看他们的管理者是如何处理的。

首先，该互联网公司当天就官方发表声明，称要对该名高管展开调查。接着几周后，又发布声明：已经查清两人之间不存在公司利益输送，但因为高管的行为对该互联网公司的声誉造成侵害，所以开除高管合伙人的身份，并对其降级处理，等等。

讲到这里，你有没有发现，该互联网公司的管理者并没有立马去给后院灭火，而是应用规则去解决问题。那这是什么意思呢？听老徐来给你具体分析：

首先，我们来看看这里的规则指的是什么？

其实就是职场中由企业管理者统一制定，每个员工在入职时都很清楚并且遵守的规章制度。

比如，在这家互联网公司管理者的规则体系中，作为公司合伙人，是否可以由于个人原因侵害公司的商誉？答案当然是不能。那既然这条规则很明确，该名高管被合伙人除名就是根据规则来的，所以顺理成章，也可以圆满解决问题。

告别"救火队长"

成为规则制定者

因此可以说这是这家互联网公司管理者当下最明智的决策。

那同样的情景，如果发生在我的公司情况会怎么样呢？我的下属能不能在工作中和同事发生严重的语言冲突？根据我们的规则，自然也是不能。这就是应用规则解决问题。但是在这里要注意一点：管理者制定的规则，一定要提前和下属讲清楚。这样一旦发生冲突，管理者要做的事情，一定不是救火，而是去应用规则。

就跟这家互联网公司的事件一样，如果管理者每天都去关注公司里的人有没有各种绯闻，那这家互联网公司根本就没法正常运转了。同样，在我初期做管理者的时候，如果我没有应用规则，每天都去处理团队中的冲突、客户的投诉等看上去非常紧急的事务，那后果就是我就是一名名副其实的"救火队长"。

此外，管理者在应用规则解决问题后，一定要及时完善规则。比如，这家互联网公司的管理层就可以复盘，公司的规则还有哪些不完善的地方，把需要弥补的规则尽快完善。

　　同样，我的两名下属发生冲突，如果我们的规则只规定了不能发生语言冲突，那么发生了肢体冲突或者其他个人矛盾，是否有制止冲突的规则？如果没有，那就需要尽快弥补。规则是在实际的管理过程中逐步完善起来的。

　　我说到这里也许有人会问：管理者制定这么多规则，这么多条条框框，会不会约束员工，使得下属没有工作动力了呢？

　　其实，不是的。有这样一个发人深思的小故事，我说完你就明白了。众所周知，纽约的曼哈顿是世界金融中心，地理位置可谓寸土寸金，高楼林立，街道狭窄，但曼哈顿街道上常年都能看到阳光，还有足够宽阔的公共空间让你行走，这是怎么做到的呢？原来，1916 年，纽约市政府出台了一个规定，叫作"1916 区划法案"。法案明确规定了地块中建筑的高度和体量的标准——地产开发者可以在一定的高度限制范围内，在用地上保持 100% 的建筑密度；超过这一高度，则应让出临街一侧的空间；如果更高，则继续让出面积。只

成为规则制定者

有建筑体量出让到一定程度，即主楼的平面面积少于用地面积的 25% 时，才不必继续后退。这样阳光从楼顶斜射下来的时候，就可以照到街道上了。

看吧，这就是一个限制的规则，因为有这个规则，建筑设计师和建筑商就不能随心所欲了，也正是有了这个规则，才让曼哈顿的世界金融中心完美地融合了阳光、行人。

其实，管理也是一样，无论是初级的管理者还是高级的管理者，规则是我们任何时候都要去思考的，但当你制定了规则之后，规则是会替你去做管理，而不是靠你一个人马不停蹄地去管方方面面。

课程小结

阅读完这节内容,你知道如何从繁忙的"救火队长"中将自己解放出来了吗？其实我们为什么容易在管理中会不知不觉就成了"救火队长"，是因为我们在下属发生状况的时候，第一反应就是赶紧把这件事解决，把它排到了我们要去处理的事项的第一位，这个排列方法的错误在于我们忘记了自己管理者的角色。作为一名管理者，应用规则是我们的第一责任，只有规则明确了，我们才能从日常繁忙的"救火"事务中解放出来。此外，作为规则的制定者，一方面要充分和下属沟通清楚公司的规则，另一方面不要忘记及时完善规则，让规则能更好地发挥作用。这三条你记住了吗？

成为规则制定者

布置作业

那么，我们今天的作业就是回顾一下这一周自己的工作事项，看看有哪些事项属于"紧急救火"的，试着把这些事项写下来，然后看看这些事项能不能通过制定规则的方式来解决？

第二部分　实战篇

搭建高绩效团队，
管理者必备的"五力模型"

（一）趋势力：三个维度，找到团队发力方向 >>>

04 制定目标

摆脱学生思维，三步制定团队目标

如果你是一名初级管理者，那么在管理一开始你有没有踏入这样的三个误区？一是喜欢直接上手干；二是把管理当作发命令；三是天天都做"救火队长"？仅仅如此就可以带领好团队吗？显然不是。带领团队的真正目的是创造高效业绩。那么，老徐会教你搭建一个高绩效管理者身上必须配备的"五力模型"。什么是"五力模型"呢？它包括根据市场趋势来制定管理目标的趋势力，做好团队选育用留的驱动力，整合资源为团队赋能的现实力，还有用三板斧狠抓执行的算式力、精准用人的优势力。

在这节内容中老徐会教你，如何制定目标，才能找准团队发力方向？

很多人一听制定目标，第一反应觉得自己只是一个初级

制定目标

摆脱学生思维，三步制定团队目标

的管理者，手底下也就三五个人，不需要制定目标，再说制定目标不都是老板的事情吗？老板吩咐什么，我照着做就好了。这种想法其实就属于学生思维，而学生思维是一个优秀的管理者首先要摒弃的。

那么，什么叫学生思维呢？我举个例子，比如你在上学的时候，基本上不会考虑这学期学什么，下学期学什么，反正每学期都有教材，每学期都有老师教，每节课都有老师给我们上课，我们只需要带着脑袋去听课就够了，如果听不懂可以问老师，剩下的什么事都不用自己操心。这就是典型的学生思维。

同样，在我做管理者的时候，一开始我也是很抗拒自己去制定目标的。我就希望老板拍给我一个数字，我去照做，这样我就不用去那么深入地研究业务、研究历史数据、研究实际执行和目标之间的差距，即使最后目标完成不了，我也可以甩锅给老板："看吧，都是他目标定得不合理。"

但一名合格的管理者在职场能这样吗？恰恰相反。在职场上，尤其是你作为一名管理者，无论是初级管理者、中级管理者，还是高级管理者，从你被赋予了管理的这一职权开始，你就是要带领团队去实现目标的。制定目标就是你责无旁贷，甚至是第一项最为重要的职责。

英特尔公司前 CEO 格鲁夫曾在自传中讲过早餐店生产线的故事。他说，当你成为一名管理者的那一刻，其实就相当于早餐店的服务生，你第一时间就得清楚自己的目标，就是要给客户准备一份需要煮 3 分钟的鸡蛋、奶油面包和咖啡的早餐。而准备早餐的过程就是一个项目，最后可以成功给到客户鸡蛋、面包、咖啡就是你的目标。

被誉为"现代管理之父"的彼得·德鲁克在他的《管理实践》一书中提出了"目标管理"的概念。从那之后，越来越多的企业把目标管理作为评判企业绩效的靠谱方法，因为目标管理不仅仅是一种激励手段，也是一种结果考核方法，其核心是对管理者和个人根据目标进行绩效考核和结果评价。

在我们的日常工作中，无论是管理 5 个人的销售团队、

04
制定目标

摆脱学生思维，三步制定团队目标

管理数量更为庞大的策划团队，还是量化绩效激励团队，都必须要以某个明确的目标为依据。如果没有了目标，团队做的结果到底怎么样？哪些团队应该激励，哪些团队应该惩罚？一切都无从谈起。因此制定明确的团队目标，是一个优秀的管理者首先要做的事。

那么，我们该如何制定目标呢？主要分为三步：

第一步，管理者一定要熟悉自己团队的业务流程，只有这样才能保证最后你制定的目标不脱离实际。

这是我们制定目标的前提，比如刚刚说到的早餐店。如果你是这家早餐店的店长，那你一定要熟悉早餐的生产过程，包括原材料的准备、制作过程及最后交付给顾客。如果你带领的是一个图书策划团队，那你要熟悉的业务流程就包括如何联系到优质的作者、选题该怎么策划、稿件的审读与编辑、排版和设计，及最后印制、发行、营销等一系列的过程。

只有管理者了解了项目的生产过程，也可以说是理解了你的业务，才能根据生产过程或业务特点，制定出适合的工作目标。否则很可能制定出的目标会和实际业务、实际生产过程大相径庭。这样制定的目标就成了"拍脑袋"，缺乏可执行力，最终难以实现。所以精准制定目标是优秀管理者的第一要务。

第二步，管理者要熟悉历史数据，以此来帮助你对团队更好地定位，从而去制定更加合理的团队目标。

那么，什么叫历史数据？包括内外两个维度：外部维度和内部维度。

什么是外部维度呢？我举个例子，比如你管理着一家100平方米的早餐店，外部维度需要你知道其他100平方米跟我们同类的早餐店，它们每天的平均销量和销售额是多少？TOP1的早餐店每天的销量和销售额又是多少？当然，这里面数据的维度越丰富越好，丰富的数据维度可以帮助你多角度、全方位地定位自己所处的位置。

内部维度，则需要很清晰地知道你自己的数据，比如你每天的销量和销售额是多少？因为你只有知道自己的数据和

摆脱学生思维，三步制定团队目标

其他同类的数据，这些数据才会成为管理者的指南针，可以让你在管理团队时，清晰地知道你的团队在业务上处于哪个阶段？需要往哪个方向奋斗？从而为第三步的确定目标提供数据上的决策依据。

第三步，管理者要根据市场情况制定明确目标，因为脱离市场的真实情况制定的目标都是纸上谈兵、"耍流氓"。

在这个制定目标的过程中，管理者需要考虑时间、成本、效率等因素。比如，季节因素中存在淡季和旺季，相比较淡季，旺季的目标需要更高。另外，是否要进行新的市场投放？如果市场投放相应增加，那么目标是否要做对应的提升？无论是环比，还是同比，确定目标的过程本质上就是根据业务特点、历史数据，结合当下的业务发展实际需求，制定出合理的目标。

当然，这里面也会出现我们前面所讲到的一种特殊情况，就是很多人会觉得目标都是公司定的，我就照干就行了。当然也有一些公司会在管理上从上而下去制定目标，但即便是在这种情况下，作为管理者也不应该直接照干了事，而是要在拿到上面分配的目标后，再结合自己心目中的目标去制定落实方案。

通过这样制定目标，可以对比你所制定出来的目标和上司给你的目标之间的差异在哪里？你们真正的不同点又在哪里？如果是公司制定得更可行、更合理一些，那么作为管理者的你就该复盘一下，是不是由于自己对业务过程不够了解？对行业数据判断不太精准？还是对自己公司的发展理解不够深刻呢？

所以在一次次对比过程中，你也会看到自己的不足，通过对自己制定的目标和最后达成目标之间的差异对比，进而分析其中的原因，就可以不断地训练自己制定目标的能力。当你真正有一天可以亲自制定目标的时候，你就会发现你制定的目标的可行性会越来越精准，最终目标的完成率也会越来越高。

摆脱学生思维，三步制定团队目标

本期小结

在本节中，我们先明确了作为管理者，做好目标管理是你责无旁贷的职责，因为只有做好了目标管理，你才可以在之后的管理中落实、量化投入和考核结果。其次，老徐也分享了如何制定团队目标的三部分，分别是熟悉业务流程、分析历史数据以及了解市场情况。你学会了吗？

布置作业

通过大家对本节内容的了解，你会发现制定目标其实也没有那么难。那么今天的作业就是：根据我们这节课所学的制定目标的方法，试着给自己所带领的团队制定一个可行的目标，并从"流程、数据、市场"三个方面来分析这个目标的优劣性。

05 了解用户

洞悉用户和市场，让团队行动不翻车

05

了
解
用
户

洞悉用户和市场，让团队行动不翻车

管理者如何去制定团队目标呢？首先，作为管理者，你要熟悉你的业务流程；其次，对历史数据也要熟悉，来帮助团队更好地进行定位；最后，管理者一定要根据市场情况来制定目标。

目标制定完成后，作为管理者，你就可以高枕无忧了吗？事实正好相反，作为初级管理者，最容易在带团队实现目标的过程中出现"翻车"的状况。为什么会这样呢？其实老徐在前面也提到过，就是因为咱们在实现目标的过程中，对市场和用户的洞察不够所导致的。

所以怎样才能在实现目标的过程中做好市场和用户调查，从而让团队一直围绕目标不"翻车"呢？

还是从发生在我身边团队的"翻车"案例开始讲吧。这

自
驱
型
管
理

个案例的主人公是我的一名学员，她叫王倩。她之前是负责带领一个 5 个人的运营团队，而他们团队的主要任务就是要提升课程的售卖转化率。为此，每个月王倩都会按照我教她的三个维度把团队目标制定出来，并且她都是按着最高要求来定的，和领导交流过之后，就开始执行了。

在执行过程中，王倩为了达到最高目标，她每天都是激情满满，不仅给团队打鸡血，还不辞辛苦地陪着他们熬夜加班。可到了月底一看业绩她傻眼了，整个团队努力的实际成效和当时制定的目标相差甚远，自己曾经的豪言壮语一下子变成了笑话，为此王倩感到非常沮丧：明明前期目标制定得挺好，执行过程中大家也都斗志昂扬，为什么结果却事与愿违呢？

后来，我对这件事情深入了解后才发现，原来王倩他们团队制定的目标都太高了，并且在执行的过程中只知道自己闷头苦干，进行地毯式推销，没有去做市场调查，也没有对

05

了
解
用
户

洞悉用户和市场，让团队行动不翻车

用户需求进行分析，结果导致方向不对，努力白费。

作为一名初级管理者，有90%以上的人都会犯类似王倩这样的错误，目标制定得很高，但在执行的过程中却忽视了市场和用户。如果这个问题一直没得到解决，时间久了，不仅会导致团队业绩目标完不成，还会导致下属对管理者失去信任，最终可能使得整个团队向心力涣散，团队不得不解散。

其实，我自己在58同城最开始带汽车金融团队的时候，也出现过这个问题。那时候我们设计产品，在我制定了上线后三个月每个月都要实现100%增长的目标后，每个人也是激情澎湃，觉得老徐要带着大家大干一场。结果我们设计的产品本身没出任何问题，但上线好几个月了，连一单都没开，更别说要实现100%的增长了。

为此我感到十分挫败，就去请教了同行经验丰富、业绩突出的前辈，这才意识到，原来二手车销售的市场是有淡旺季之分的，而我们产品上线的那几个月正好处于销售淡季，所以我想实现 100% 的增长根本就不可能。另外，如果一个新产品上线，也需要提前预热、启动的过程，而我们当时完全没有想过这方面，可想而知，用户凭什么会对一个听都没听过的新品牌信任并且感兴趣呢？这也就是我们努力了那么长时间，却连一单都没成交的原因。

讲到这里，你有没有发现？制定团队目标一定要合理，不能总是选择最高的那个目标去实现。这也只是管理者开局的第一步，而要想去真的实现目标，是需要你在实际执行过程中去充分了解你的用户画像、去及时洞察市场变化来做出调整的。

那么，作为管理者到底应该怎样制定合理目标，从而让团队在执行过程中不"翻车"呢？

你一定要规避这几个错误：

错误一：认为团队目标必须是让大家使劲跳起来才能够着的。这是很多管理者都会有的想法，觉得目标一定要具有

洞悉用户和市场，让团队行动不翻车

挑战性，否则就算不上目标。比如咱们上面说到的王倩，她在制定目标的时候按照最高目标来制定，并且把这个最高目标作为团队行动纲领，至于为什么要定这么高的目标？市场是否有新的增长点来支撑如此高的目标？产品是否能给用户全新的、超值的体验？这些都是她所没有想过的。

错误二：认为团队目标如果一旦确定下来是坚决不能修改的。无论是王倩，还是我自己，之所以翻跟头，都是因为我们在前期制定了过高的团队目标，更重要的是在执行过程中，坚决不打半点折扣。所以我们俩当时带领的团队，最终的结果很惨淡。

错误三：认为一旦目标没有完成，就是团队不够努力。常常会有管理者认为，如果没有把目标100%完成，就是团队成员的努力不够。当你这样认为的时候就完全忽略了市场和用户，只盯着自己的目标数据来判断下属的努力程度，你就失去了实现目标的本质。

这三种想法都是错误的。因为它不符合我们实际的企业运营，不符合市场的基本规律，而针对这几个问题，管理者正确的做法应该是这样的：

第一，在目标的制定上，正确的做法不是制定一个最高的目标，让大家往最高目标冲，而是应该定三个目标。

哪三个目标呢？除了最高目标外，还需要制定一个中间目标和一个保底目标。最高目标属于激励目标，就是跳起来才能达到的。对于激励目标，我们必须要清楚地知道，这个目标只有极少部分人才可能达到。中间目标是要让团队明确，这个目标只要 60 分就达标，做到了是正常的。保底目标则是惩罚性目标。什么叫惩罚性目标？就是我们的中间目标没有完成，只完成了保底的目标，那么这个结果就是要承担一定的责任以及付出一定的代价。所以你不能用单一目标去要求大家，而是要按照这三个目标去考核，这样团队的分层也会慢慢地体现出来。

第二，团队目标是动态的，是要根据用户和市场来做出相应调整的。

了
解
用
户

洞悉用户和市场，让团队行动不翻车

　　具体来说，就是要在目标的执行过程中进行动态的切割，为目标设置一些弹性，因为这毕竟属于商业活动，不是简单的数学题。这个弹性幅度就和我们做实验的容错率一样，只有允许一定的容错或灰度，我们的目标才能真正地落地。具体怎么理解呢？举个例子，比如王倩为6月的课程转化率制定了一个目标，6月一共分四个阶段。那么她就不应该按照平均的方法把目标放到每个阶段去，比如第一阶段是刚开始，可能会略低，第二阶段、第三阶段在过程中也许会持平，到第四阶段已经有了前期的积累，结果是极可能略高的。所以按照这样的动态调整团队目标才符合业务特征，也更符合团队努力节奏。

　　第三，是关于目标的管理，在任务没完成的情况下，管理者应该把团队里每个人的情况区分出来做分析。

　　就跟我们玩王者荣耀一样，有人就是青铜，有人就是王者，我们需要根据大家的同步表现把每个人差异化区分开。即便总的目标没有完成，这其中还是有个别完成较好的和较差的之分，所以我们要批判的是那些在工作过程中确实表现不佳的，而不是把整个团队揉成一个球去批判，因为这样做的话，表现优秀的员工也会丧失进取心。

而这三个做法背后，都离不开我们对用户的了解和对市场的洞察。那么如何了解我们的用户，或者如何洞察市场的变化呢？

这个问题说起来也非常简单，要了解用户，要熟悉市场，最核心的办法就是"没有调查，就没有发言权"，需要进行调查。再说得通俗一点，就是要多和用户在一起，比如多进行用户的回访、调研、了解用户的需求和痛点，要洞察市场，同样需要把双手和双脚放到市场中去，而不是闭门造车。

比如我在管理二手车金融团队的时候，全国有 240 多家二手车市场，每周我需要到 2 个城市出差，去当地的二手车市场做调研，和二手车市场的经销商、二手车的消费用户沟

05

了
解
用
户

洞悉用户和市场，让团队行动不翻车

通。调研、回访，只有这样，我才能知道用户需要什么，市场需要什么？不同的时间，不同的区域，市场的竞争格局是什么？从而我才能动态地调整我们的目标，带着团队以符合实际市场的目标前进，让团队在战斗中不"翻车"。

课程小结

其实，管理本身就是这么一个不断在实践中犯错，不断总结方法的过程。目标管理也是这样一个不断在用户调研和市场洞察中动态调整的过程。这节内容主要是老徐带大家分析了目标执行过程中需要注意的几点以及如何去洞悉用户和市场，让团队行动不"翻车"。你有没有受到启发呢？

布置作业

今天布置的作业是：针对你所带领的团队目前的状况，试着做一次用户的调研和市场需求的采集，并根据得到的结果来调整一下当前的团队目标。

06 用好数据

帮你看清问题，目标管理做到心中有数

如果你是一名初级管理者，那么必须首先搞清楚这些问题。如何告别学生思维，用三步法制定目标？如何通过挖掘用户需求和洞察市场趋势，动态调整目标？制定目标是一个管理者责无旁贷的职责，而且激励团队、量化付出、落地考核等都需要目标。可是，从制定目标到实现目标，到底什么是管理者的核心抓手呢？是我们给员工灌鸡汤，还是发布的行政命令？

都不是。目标管理核心抓手其实是数据，只有用好数据，你才能看清团队目标管理中出现的问题，才能在之后的管理工作中做到游刃有余、心中有数。为什么这么说呢？在本节内容中，老徐就来为你揭晓答案。

在谷歌发生过这样一件令人深思的事情：谷歌的高管和

06
用好数据

帮你看清问题，目标管理做到心中有数

一家合作公司的首席执行官会谈，在会谈中高管们为了一些技术问题进行了激烈的争论，但迟迟没有结果。这时，一位坐在角落的谷歌年轻女员工站了起来，用几项数据立马清晰表明了谷歌的立场，双方争论的问题瞬间迎刃而解。于是，在这场大人物云集的会议上，这位资历最浅的女员工成为整个会议中最有洞见的人。最终，她凭借对数据的准确把握，主导了整个会议。

给大家分享这个故事，我想说明什么呢？其实，就是用好数据的重要性。

以前，人们大多都是依赖经验、主管想法或者传闻来做决策。如今，随着互联网不断发达，数据早就成为管理者做出决策的重要依据。你知道吗？在一些地方，就连牧场也会通过在奶牛身上植入传感器，来采集奶牛的身体状况、地理位置、运动情况等。而每头奶牛每年就可以传输200兆的数据，这会使得牧场喂养的饲料、时机等更精细化，从而促进产奶量大幅提高。用户数据的重要性由此可见。

记得在我带汽车金融产品运营团队的时候，对二手车行业来说我是绝对的门外汉。所以刚开始我在管理团队目标的时候，几乎是两眼一抹黑——最直接的表现就是，当我在做决策的时候，第一，我没法儿判断别人告诉我的事情或者经验是否真的可靠？第二，我不知道我该看什么数据？第三，即使有了数据，我不知道这些数据指标背后的意义是什么？

在最初的管理阶段，我发现我就是个"瞎子"管理者，只能凭借经验和直觉去做判断，但往往这种凭经验和直觉做出来的判断都是错误的，无论是对自己的影响力，还是对整个团队的执行力都是极大的损伤。后来当我意识到数据的重要性时，我就做了帮助管理者进行决策的数据仪表盘，也是用好数据的一个重要工具。事实证明，有了这个数据仪表盘后，我在后续管理团队的时候做到了得心应手，业绩也一路飙升。

那么该如何建设你的数据仪表盘呢？主要需要这三个步骤：

帮你看清问题，目标管理做到心中有数

第一步，你要先根据自己的业务特征，确定好你的数据指标。

也就是说，不论我们今天所带的团队是早餐店的员工，还是互联网公司的销售团队，我们都需要首先根据我们的业务，也就是我们从事的工作，来制定出我们最关心的核心指标。

比如，对一家早餐店而言，核心的数据指标可能包括销售额、客户数、客户单价、翻台率等。如果要再细化，销售额之下可能还包括不同品类商品的销售额、不同时间的销售额，等等。对于互联网公司的销售团队，核心的数据指标则可能包括用户新增数、单一新增用户的成本、新增用户转化率、复购率等内容。

在确定了我们需要的核心数据指标之后，你还要根据数据指标来明确定义。比如销售额，具体指什么时间到什么时间的销售额，计量单位是什么？在指标明确之后就需要做第二步——采集数据。

第二步，你要学会采集有效数据，从而对你的目标管理起到实际帮助。

采集数据是一项基础性工作，可以是自行采集，也可以是委托第三方来采集，在数据量较少的初级阶段，可以人工采集，如果数据量庞大，则需要通过系统或者技术来采集。

采集的数据一般都包括哪些呢？我们以互联网用户运营为例，在确定了核心数据指标之后，我们就需要采集与核心数据指标相关的数据。比如基础的用户数据，这其中包括男女性别、年龄、所在城市、受教育状况、家庭可支配收入，等等；还包括用户来源数据，比如来自哪些城市、手机机型，等等；还有用户行为数据，比如用户登录时间、用户停留时间长短，等等。

采集数据过程同样也是一个从小到大、从少到多的过程，建议大家在数据仪表盘的建设过程中，切莫一次贪多，需要循序渐进地建设。

第三步，你要学会数据分析及数据的应用。

在数据仪表盘完成指标建设和采集工作之后，数据就需要被我们反复应用起来了。而应用的过程是先要分析大量的数据，比如以用户运营为例，分析的方法有多维度、交叉分析，还有用户人群分析、产品质量分析，等等。

不过分析只是应用的第一步，更为重要的是你要根据分析的结果采取行动策略，这才是数据仪表盘发挥最大作用的地方。比如在互联网用户运营过程中，你分析的最终结果是用户在这三个月新增的速度是 20%，但用户的流失速度在 12%，也就是说最终留存的用户只有 8%，那就要分析 12% 的用户流失的原因是什么。再根据流失的原因，制定相应的行动策略。比如你发现流失的原因是用户拉新之后，你的客户服务响应时长超过 12 小时，那你的行动策略可能就要调整到用户拉新之后，在 2 小时内响应。

当然，对于数据的分析方法、数据策略等，本身也是一门比较复杂，而且专业性很强的技能。作为管理者我们不需要像数据分析师一样具备专业的数据分析技能，管理者需要的是坐在管理的驾驶舱，让实时的数据仪表盘来帮助你：第一，及时观察目标的执行进展情况，对目标的完成做到心中有数；

第二，及时发现目标执行过程中的问题，无论是市场行情发生的变化，还是用户需求发生的变化，你都可以根据数据仪表盘提前看到数据的异动；第三，为你的管理决策提供根本依据，无论是异动的数据，还是预警性的数据，就跟航海图一般，能帮助你提前知道前面是否有冰山，是否要调整航线。

美国哲学家兼作家约翰·杜威说过，把问题解释清楚，就如同把问题解决了一半。加州大学伯克利分校的政治学教授沃尔芬格也说过，数据是逸闻的复数形式。将两句话合起来，意思就是如果没有了数据我们几乎就没法解释问题和解决问题。所以，要想告别管理中的"睁眼瞎"，数据仪表盘是我们最好的管理工具。通过制定数据指标、采集有效数据、分析和应用数据三步建设好我们的数据仪表盘，这样我们的目标管理才能做到心中有"数"。

当然，数据仪表盘建设的三步法，同样是一件长期持久的事情，需要跟随着业务的发展一步步完善，那我们的管理能力也会一步步精进。

06
用好数据

帮你看清问题，目标管理做到心中有数

课程小结

本节的内容是让我们认识到作为管理者用好数据的重要性以及应该怎么进行数据仪表盘的三个步骤，第一步要确定好数据指标，第二步要收集有效数据，第三步对数据进行分析及应用。你学会了吗?

布置作业

我们今天的作业是：根据今天学到的用好数据的方法，为你的团队做一个数据仪表盘吧!

（二）驱动力：做好选育用留，配置高效能团队 >>>

07 招对人才

团队难招？三圈法找到你最想要的人

作为一名管理者，你应该给自己的团队制定目标，通过分析市场、洞察用户从而确保团队在目标执行的过程中不"翻车"，以及实时根据自己建好的数据仪表盘，开好"目标管理"的车。

你是不是也会有这样的感受：团队管理就好像在开车一样，团队的目标和任务是你的目的地，而你是整个行程的驾驶员，前路漫长，怎样才能一直让这辆车汽油充足、马达强劲呢？答案就是，要有足够的驱动。这个场景类比到管理中，就是管理五力模型中的能力之一——驱动力。

那什么是让管理这辆汽车成功抵达目的地的"油"呢？其实就是人才，油箱就是那个人才池，所以在驱动力这个模块，老徐将和大家一起分享：如何招对人才？如何培养干将？

团队难招？三圈法找到你最想要的人

如何留住精英？如此辞退闲人？那么，今天我们先从如何招对人才说起吧！

《西游记》大家肯定都很熟悉，这部经典作品里的猪八戒想必你也是印象深刻。而对于猪八戒，大部分人的感觉是：论能力没有孙悟空强，论忠诚度没有沙僧高，那对完成九九八十一难取得真经这样一个团队目标来说，唐僧选猪八戒是不是选错了人呢？这就是我们今天要讨论的如何招对人才的话题。

在我过去12年的管理过程中，我发现我团队中的很多初、中级管理者，在管理过程中遇到的第一个问题就是招人的问题。比如：

· 投简历的人不少，每个人都有自己的长项，到底录用哪一个呢？有点挑花了眼。

· 在招聘候选人的时候，看背景、看简历觉得非常完美，真正放到团队里却发现能力不行，怎么办？

· 能力和公司的需求都挺匹配的，但公司需要加班，他希望工作和生活完全分开，这怎么办？

　　这三个问题表面看是三个问题，其实都是一个问题，也就是怎么判断是否招对合适的人。那在这里老徐教你一个方法，让你快速找到你想招的人。这个方法就是"三圈法"。

　　什么叫三圈法呢？就是在我们招一个人的过程中，可以用三个圈来判断这个人是不是我们真正需要的合适的那个人。这三个圈具体包括：一、需求圈，也就是我们这个岗位的需求；二、能力圈，也就是候选人的能力；三、驱动圈，也就是我们和候选人在这个岗位上的驱动是否一致和匹配。

　　所谓需求圈，是我们用人方或者管理者为什么需要这样一名人才？需要的这名人才的详细画像是什么？很多时候管理者对自己的需求比较模糊，这导致在实际招人的时候会出现比较大的误差，所以对于需求圈，管理者也要清晰定义好。

　　那怎么定义呢？比如我们今天选拔的人是要完成什么样的目标？完成这个目标匹配的应该具备什么样的知识、能力或经验？他具备的知识、能力或经验该如何量化？这个岗位未来的成长方向是什么？什么样的机制会带给他更高更快的成长等。只有这些需求定义得越细致，越明确，我们才越能找到对的人。

比如，在《西游记》中，唐僧的团队，除了需要孙悟空这样能力卓越的员工，同样也需要一名能和各类妖魔鬼怪"打成一片"的员工，那就是猪八戒，而且猪八戒在整个团队中还充当着"协调员"的角色。比如，在唐僧把孙悟空赶走之后，猪八戒会央求唐僧把孙悟空请回来，所以"协调员"和"先锋队"这两个角色是唐僧的需求。

所以，我们在招聘的时候，海量的简历和每个人都有的长项让我们迷失了，不知道到底录用哪一个才好。核心还是在于我们对自己的需求不够清晰明确。如果我们需要的是一名像猪八戒一样的"协调员"，即使拿到了哪吒这样优秀的简历，也并不是适合我们需求的，所以需求圈是我们找对人最核心的前提。

第二个圈是能力圈，指这个岗位候选人的能力。在对能力的评价上，每个公司都有自己的评价标准，甚至不同的岗位能力的评价等级和标准也不一样。比如有一些销售之类的岗位，对其专业背景的要求并不是非常高，但可能对其沟通能力、表达能力和营销能力的要求会高一些。同样，比如程序员的能力圈，是初级的、中级的，还是高级的？不同级别的程序员在专业能力和能力的要求上则不同。

我们再回到《西游记》的话题中，在除妖降魔这方面的能力上，猪八戒确实不如孙悟空，但在西天取经的全部过程中，猪八戒仍有他自己的能力。比如他能用九齿钉耙应付一些常见的状况，等实在应付不了的时候再请孙悟空出战。所以在降妖除魔这项硬技能上，并不要求他是专家级，只要具备经理级的能力就够了。但如果是在团队沟通上，因为唐僧需要一名"协调员"，所以猪八戒在团队的协调上表现出来的沟通能力则更为突出。

如果我们在面试过程中只是看候选人的背景、学历等因素，忽略他的能力这一项更关键的因素，我们找到的人到了

团队难招？三圈法找到你最想要的人

团队之后就会被发现"能力不能胜任"，原因也就在于我们对其能力圈的考察不够。

第三个圈是驱动圈，为什么会讲驱动圈呢？因为这是管理过程中最容易被忽略的一点。这个驱动圈，包括需要分析候选人为什么要来我们团队？他的核心驱动是什么？是为有一份稳定的工作，是为能够升职或加薪，还是更关注长远的个人发展？如果在驱动圈上没有考察，那么即使这个人我们招到了，后续的管理也是一个很大的问题。

同样，在西天取经这件事上，猪八戒的信念没有师父唐僧这么强烈，所以猪八戒的驱动不是"信念"。但猪八戒觉得能保护唐僧取经是一件有价值的事情，所以"有价值"成为他的驱动。尽管在整个取经途中，他也会摇摆，但他给了自己一个使命就是"保护师父去取经"，这个驱动和唐僧西天取经的信念是吻合的。

我们在找人的过程中，比如发现他的能力和需求很匹配，但可能公司正在快速发展中需要加班，而候选人的价值驱动是"能够把工作和生活分开"，在这个驱动圈上是不吻合的，所以即使我们选了这样的人，最后也不是对的人。这就是驱动圈的重要性。

作为管理者在选人过程中需要根据需求、能力、驱动这三个圈，结合每个候选人的实际情况，找到最适合的那个人，也就是这三个圈交集最大的那个人。要记得，所谓找对人才，不是去找最强的或者最完美的，而是要找当下最合适的人。

团队难招？三圈法找到你最想要的人

课程小结

本节内容老徐教了你如何利用"三圈法"来为你的团队找对人才，分别是需求圈、能力圈，最后还有驱动圈。你学会了吗？

布置作业

我们今天的作业是：根据三圈法来分析一下，目前团队需要什么样的人？而你又可以通过什么方式找到团队需要的这个人呢？

08

培养干将

如何让职场新人成为你的最佳助攻？

培养干将

如何让职场新人成为你的最佳助攻？

我们作为一名管理者，犹如驾驶着一辆车，向目标前进时，我们运用需求圈、能力圈和驱动圈这样的"三圈法"，就能招对人，并且能够将普通员工培养成干将，让干将成为带动这辆车前行的"小马达"。

在我初次成为管理者的时候，我发现一开始我有一半的时间都在到处找人，本以为招了一个人就可以万事大吉了，但有一次一件非常意外的事情发生了：我花了半年时间招到的一名产品总监，在入职后不到三个月向我提出离职，我当时非常惊讶，不是在面试的时候聊得很好吗？怎么这样快就要走人呢？

后来，这名总监告诉我，他根本就没有找到自己的价值。因为已经过去三个月了，他似乎都没有拿出像样的工作成果来，也不知道怎么融入现在的团队中，不知道如何把过去的经验扎根在现有团队里，也不知道接下来自己每天的工作目标是什么。有时候即使犯了错误也没人指出，感觉根本没有进步。

这个时候我才恍然大悟，招人进来不是买颗土豆，买回来往家里一放，过几天就生根发芽。招一个人进来，只是万里长征迈开了第一步，更为重要的是要让这个人在新的土壤中生存下来并发挥作用，这才是培养人的真正之道。

2018年9月10日教师节当天，阿里巴巴集团创始人马云在公开信中宣布：一年后阿里巴巴20周年之际，即2019年9月10日，他将不再担任集团董事局主席，届时由现任集团CEO张勇接任。张勇成为万人瞩目的接班人，但同时，大家也关心张勇接下来又会如何选择接班人。事实上，大家可能不知道，张勇在任阿里巴巴COO的时候，就已经开始为培养公司的核心干将下功夫了。

而培养和选拔干将成为将来的"小马达"或者未来的"火

车头"，是每一位管理者在管理过程中要面对的问题。那么，怎么培养干将呢？主要过程分为重要的四步，老徐将其称为"干将培养四步法"。

第一步，要注意给员工适应的时间。

因为任何一名新加入你团队的人，都希望自己能够真正扎根在我们的团队中，希望将来能成为干将，而这件事情是没有办法一蹴而就的。所以你要在一开始，给员工留出一段时间，这个时间就是让他熟悉公司的业务、熟悉团队的成员、熟悉团队的文化的过程。比如那名产品总监向我提出离职，原因就是我没有给他适应的时间，而是希望他能够一加入公司就马上上手干出大业绩来，这种情况往往就会拔苗助长，欲速则不达。

第二步，要学会给员工授权。

所谓的授权，就是说当一名新人加入你的团队，你如果准备把他培养成干将，就需要给予他一些权力，也就是说需要放手让他去做一些决策。比如我招聘的产品总监，在他加入团队时，从形式上我并没有给他明确的授权，而是天真地期望他可以自己建立权威，带着团队向前开拓业务。但对大多数我们要培养的干将来说，这毫无疑问给他增加了适应的难度。我们要培养干部，就需要明确地告诉他，给他的授权是什么，他可以在哪些事情上独立做决策，每一项决策需要承担什么样的后果，等等。

第三步，你还需要给出一定的预期。

这里的预期是指你对要培养的干将的要求，他需要明确知晓，要在什么时间段达到一个什么样的目标。当然这个目标可以是某个业务目标，也可以是某个管理目标，但是对这个目标，你需要和干将们充分沟通，让你准备培养的干将也能清晰知晓他要努力的方向。如果没有给出预期，他可能就会在工作中迷失，不知道要向哪个方向努力，包括为什么是这个方向？比如，可能这个方向是公司的某个重点战略方向，但他并不知晓。就跟我在初期一样，本来打算努力培养这名产品总监成为干将的，但因为他不知道我对他所带领的团队创造价值的预期，所以他的感受就是"觉得自己没有价值"，因为没有清晰的目标来指引他。

第四步，留出成长空间。

什么是成长空间呢？很多人以为成长空间就是自己的晋升空间，这一点没错。既然我们要培养干将，那么毫无疑问，干将就是未来的"火车头"，所以一定是要给他留足成长空间的。

但成长空间就仅仅是晋升空间吗？不是。对于干将的成长空间，还有我们最容易忽视的一点，就是给他留出犯错空间。事实上，所有的干将都是在错误中进步的。一名优秀干将的成长过程，正是这样一个不断犯错、不断纠正的过程，最终他才能成为一名真正的干将。如果我们仅仅是给他看到了上升的通道，但不给他留半点儿犯错的空间，那么他也是无法最终走到上升通道的顶部的。

说到这里，可能你就有疑问了：如果他犯错了，而且犯的错误很严重怎么办呢？别担心，老徐告诉你，对于犯错，管理者一定要学会设置等级。比如：最低等级的错误是某个任务在完成上存在部分不足等，这是可以承受的；第二级的错误就是不仅给当事人，还给团队和其他成员造成严重的影响，这个时候就需要管理者明确错误的承担方式；最严重的一级错误，可能就属于公司底线性的错误，而对于这一类错误，管理者就需要严惩不贷。

08

培养干将

如何让职场新人成为你的最佳助攻？

课程小结

老徐在这节分享了管理者如何去培养自己的得力干将，主要有四步：一是给他适应的时间；二是要学会给他授权；三是要给到他一定的预期；四则是留出成长空间，包括一定的犯错空间。你学会了吗？

布置作业

你在管理团队、培养干将的过程中是怎么做的呢？你遇到过哪些困难？相较于我们今天学的"干将培养四步法"，有哪些是你可以补充的，又有哪些是你可能还欠缺的呢？

09 留住精英

读懂他想要什么，比高酬诱惑更管用！

留住精英

读懂他想要什么，比高酬诱惑更管用！

作为团队管理者，你必须懂得，如何用给时间、给授权、给预期、给空间这"四步法"来培养我们未来的"火车头"，培养团队里的得力干将，强调一点，落实很关键。

得力干将培养好之后，就可以高枕无忧了吗？其实不是，管理者还会经常遇到一件特别头痛的事，就是没有留住辛辛苦苦培养的"火车头"，最终让他离开了团队。那遇到这种情况你该怎么办呢？管理者到底该怎么做，才能留住核心员工呢？这就是我在这节所要讲的内容：想要留住团队精英，你一定要读懂他想要什么，因为这比所谓的高薪诱惑更管用！

给大家举个我自己带团队的例子。当时我还在 58 同城工作，刚开始带团队规模也很小，不到 10 个人，又因为我们在尝试做二手车金融新业务，所以最开始团队的搭建过程也异常辛苦，经历了一个从无到有，完整的招人、培养人的过程。不过，当团队到 50 个人的时候，我慢慢发现，前期我们辛辛苦苦培养起来的核心员工在不断地流失，这让我一度感到很痛心，但又无可奈何。

在最开始的时候，为了留住这些精英，我的方法就比较简单粗暴，甚至我认为留住他们的核心办法就是给他们争取加薪升职的机会，但这个方法用了几次之后，我就发现效果甚微。为什么呢？因为当市场的情况比较好的时候，人才市场会出现一个泡沫式的溢价，什么意思呢？就是你加薪的速度赶不上外面公司挖人所开待遇的幅度，其中还有一些是竞争对手的恶意挖人。当市场情况糟糕的时候，我们想去挽留一个去意已决的精英，就更是天方夜谭了。

所以，这个时候你就发现，争取升职加薪这一"武器"已经完全不够用，那怎么办呢？后来，我才发现，原来只需三步：第一步，读懂他；第二步，满足他；第三步，吸引他。

第一步，读懂他的需求。

读懂他想要什么，比高酬诱惑更管用！

怎么才能读懂他？这个问题可以追溯到著名心理学家马斯洛对人的五层次需求模型上，它包括生理需求、安全需求、社交需求、尊重需求以及最上层的自我实现需求。

图 9-1　马斯洛需求层次理论（模型）

这个需求层次理论应用到工作中，对个人而言，将会是如下五个层次对应的需求：①生理需求对应高薪、独立的工作空间、浴室、空调、不加班，等等；②安全需求对应医疗保险、定期体检、工作津贴、必要的假期，等等；③社交需求则对应聚会、生日礼物、旅游、同事间的交际和公司整体气氛，等等；④尊重需求对应工作上的成就感、公平待遇，等等；⑤最后的自我实现需求就对应着责任感、与上下级充分沟通、有挑战性的工作，还有参与团队决策等。

表9-1 对个人的应用

需求层次	个人
自我实现需求	责任感，与上下级充分沟通，有挑战性的工作，参与决策
尊重需求	成就感，承认，公平待遇，他人崇拜
社交需求	聚会，生日礼物，旅游，与同事相处融洽，公司内气氛和谐
安全需求	医疗保险，定期体验，安全的工作环境，高津贴，稳定的工作，产假
生理需求	高薪，独立的工作空间，浴室，空调，公交车，班车，不加班，便宜的住房

比如，像阿里巴巴在招聘人才的时候，看的就是价值观，这就是自我实现需求。

对于你团队里的核心员工，要想留住他，你就要学会读懂他，而不同的人需求又不一样。比如，团队里面有工作3—5年的员工，他可能就会希望自己能够独当一面做一些更大一点的事情，那就是"尊重需求"，他希望拥有成就感，希望得到别人的承认，希望能够让他人崇拜；而有的员工则可能只是希望和同事能够相处融洽，希望公司定期有团队建设，公司的整体气氛能够和谐，这是属于"社交需求"；也有刚刚组建家庭的员工，他会希望公司有响应国家号召的医疗保险，希望可以有定期健康体检，可以有安全的工作环境、稳定的工作分配等。

当然，对于每种需求，每个员工也不是一成不变的。所以对管理者而言，要想留住团队里的核心员工，就需要了解当下这个人的需求是在哪个阶段，搞清楚了他的需求再对症下药，就能大大提高挽留的成功率。

第二步，尝试了解他并且满足他。

具体做法就是，你要和他进行详细沟通，去了解他们的具体诉求，了解各自现在所面临的困难、机会和对目前工作的想法。所以这个时候的管理者更像是一位政委的角色，需要了解每个人的心理，然后在不同的阶段给予每个人不同的帮助和满足。

比如，你有一名核心员工，个人能力非常强，但因为性格内向，身边的交际圈子非常小，可他又很希望在工作中跟大家建立一种像家人一样的连接。我们就可以有意识地增加团队活动，在团队活动中，鼓励大家带上自己的朋友或者家属，从而让大家更好地融合在一起。在这样一个融合的过程中，也会让这名核心员工觉得这个团队就像一个幸福的大家庭，让他在这里找到归属感。这样即使外面有人向他伸出橄榄枝，他也会因为舍不得我们这样一个"家庭"，最终选择和你继续在一起战斗。

第三步，用你的领导力去吸引他。

在实际工作中，我们经常会听到这样的抱怨，作为一名基层管理者，手中的权限比较小，哪怕是加薪升职这样的机会，也需要上一级领导审批，所以留住核心员工单靠一张嘴，能用的方法太少了。其实，这个现状无论是初级管理者还是高级管理者，都是一样的。虽然看上去高级管理者好像掌握着生杀大权，但越是高级的管理者，面对的核心人员的需求越复杂，越难留住。所以，除了读懂他、满足他，还有很重

读懂他想要什么，比高酬诱惑更管用！

要的一点就是能够吸引他。

　　大家还记得我曾经说过，学习领导力的核心是让你的下属能够追随你。而你的下属之所以追随你，可能会有不同的原因，无论是金钱上的原因还是个人发展上的原因，但有一条原因不能忽视，那就是你的个人魅力，也就是我们个人的领导力。这种领导力在某种程度上就是一种向心力或者吸引力，你自身就是一块磁铁，你的核心员工就像周围的磁钉，他心甘情愿被你吸引，愿意追随你。相反，如果没有管理者个人魅力对核心员工的吸引力，仅仅停留在薪酬或者晋升上面，即使管理者有极大的职权去满足他，这样的满足也是不足以留住他的。

　　综上所述，管理者该如何留住团队里的核心员工？其实也是对你领导力的又一次检验，一方面，我们需要时刻去思考，去读懂他的需求现在在哪个层次，并根据他的需求和公司的资源去满足他；另外一方面，我们还要不断提升自己的影响力，让我们的核心员工愿意追随我们。

课程小结

　　这节内容我们学了管理者该怎么做才能留住团队里的核心员工，主要有三个步骤：第一步是要读懂他的需求；第二步要了解他并且尽量去满足他；第三步也是最为关键的一步，就是利用你的领导力去吸引他。怎么样？是不是恍然大悟，感觉受益匪浅呢？

布置作业

　　关于留住核心员工，你有没有自己独特的 "读心术" 呢？我们今天分享的三个步骤，你是不是都可以做到呢？如果你有留住核心员工的成功经验或者对本章节内容有什么想法，欢迎与我探讨，也欢迎分享给身边更多需要的人。

10 辞退闲人

如何做出辞退决策？：有理有据又不失人心

带团队，团队必须要有人。招聘人难，留住人更难。但也不是没有办法。老徐的留人"三步法"——先要读懂他的需求，再去了解他并尽量满足他，最后用你的领导力去吸引他，绝对是管用的。

不过，在真正的团队管理中，除了需要一手去抓干将的培养，你可能还会遇到这样的情况：纠结了好久，还在发愁到底要不要裁掉那些让自己不满意的员工？要裁的时候又该怎么做呢？

对初、中级管理者来说，在最初的管理过程中，要下手裁员是一件很残酷的事，因为会比较容易得罪人，尤其是要裁掉自己曾经亲自招进来的人时更是下不了手。那么，有没有什么方法帮助我们判断到底要不要做出辞退某名员工的决定呢？又怎么才可以在辞退员工的过程中不伤彼此的和气，又

辞退闲人

如何做出辞退决策？有理有据又不失人心

不失掉团队的人心呢？这是我要和大家一起分享的。

我有一个朋友叫陈笑笑，几个月前她跳槽到了一家互联网电商公司做小主管，加入这家公司的时候她的职责是带公司的一个新产品团队，大概 5 个人，后来由于公司业务调整，将另外 4 名运营团队的人员和产品团队进行了合并。合并后，陈笑笑的职责范围扩大了，从原来的产品团队扩大到产品运营团队，人数也从 5 个人增加到了 9 个人。

因为陈笑笑进入这家公司的时间还不到 1 年，所以她接手这个合并的团队之后，第一件事情是帮着 9 个人进行融合。在融合的过程中，她发现运营团队的李力很不配合，于是她想裁掉李力。她问我自己刚上任不久，这么快就下手裁人，会不会失去民心？而且她也很纠结，是不是还可以多给他一些时间，说不定会有转机呢？

裁员真的就是一场大失民心的事情吗？到底是什么因素在决定我们要不要裁掉一个人？如何才能优雅地裁员？老徐带你一起来看一下。

首先，我们要解决要不要裁的问题。

比如刚刚提到的陈笑笑的案例，她是觉得李力工作"很不配合"，不符合自己对他的工作要求。于是我问笑笑，你既然认为李力的工作不符合要求，为什么不直接裁掉李力呢？笑笑想了想，告诉我说：因为李力是老员工，在公司已经3年了，而自己来这里还不到1年，对公司的很多情况还不太熟悉，她怕万一遇上什么重要的项目，没有一个资深一些的员工，这种情况会搞不定。比如马上就要迎来公司的大型促销活动了，而她之前没有负责过这么大的项目，所以怕中途掉链子。但是问题也出在这里，关于这件事，笑笑已经努力和李力沟通了，这次促销可能需要李力配合，偶尔加加班什么的。但李力却明确表示，他对于下班之后的任何工作需求坚决不接受。这才让陈笑笑想要辞掉他。

听她这么说，我就追问笑笑，在对李力的管理上，你花了多少时间成本呢？笑笑告诉我，到底该不该裁掉李力，为了这个问题她苦恼了快1个月，她努力和李力沟通的次数不

辞
退
闲
人

如何做出辞退决策？有理有据又不失人心

下 10 次，结果还是不理想。而她又幻想着李力能够突然觉悟，进而积极配合她的工作。

于是我告诉陈笑笑，可以用这样一个方法来评估到底要不要辞退他，这个方法就是成本收益法。

首先，先看成本，你在李力身上花的管理成本有多大？其次，你可以评估下，如果李力配合你的工作，他带给你的管理收益有多大？

我这么一说，笑笑很快有了答案，她说，我已经花了 1 个多月每周至少 1 次，每次至少 2 个小时的时间和李力沟通，也就是说，1 个月我要花 8 个小时的管理成本和他沟通。除此之外，在管理李力的过程中，还要解决因为李力和其他团队成员配合不畅的问题，所以这个管理成本更高。从管理收益上讲，即使李力答应配合我们的工作，也只是希望他能应对一些发生概率比较小的偶然情况，管理的收益并不是很大。此外还有一点是李力已经明确表态不会太配合她的工作，那么她再继续抱有幻想就没有任何意义了。当想通了这个问题之后，笑笑很快做了决定：我要跟李力再沟通最后一次，如果他不配合，那么我就建议他离职。

你是不是也听明白了呢？在管理过程中，要不要裁员，很多时候是一道数学题。你在他身上花的管理成本和他最终带来的管理效益要成正比，如果你一个月在他身上花了1万元的管理成本，但他最终带给团队或者公司的价值只有5000元，那你的成本收益比就是2∶1。在这种情况下，你已经通过多次投入发现他的个人价值并不会有根本性的提升。这个时候，再留着这样的员工意义也就不大了。

而在解决了要不要辞退的问题后，我们下一步要做的是沟通。在辞退员工的时候，管理者该怎么进行沟通呢？

首先，因为裁员是一项人事上的变动，所以裁员前你需要和公司的人事部门，还有你的上级领导提前沟通。

其次，你需要在沟通中明确告诉大家，你做出裁员的决定是以成本和收益为依据，并希望获得大家的支持和配合。

最后，是和被辞退员工的沟通，这也是很多管理者最为难的事情。虽然看上去好像很棘手，但如果你做这个决定是

如何做出辞退决策？有理有据又不失人心

应用了成本收益法，并不是拍脑袋决定的，也不是根据个人的喜怒哀乐做的，那么你可以这么做：

第一步，要坦诚告诉对方，你做出这个决定的原因和理由。让他明白，你的决定对团队、对公司和对他个人而言，都是一个相对理性的决定。

第二步，在沟通的策略上，管理者要明白某员工被辞退，只是说明他在当前的公司、当前的岗位上，和当前的管理者的配合无法达到最优组合。这种无法达到最优组合的原因，不仅仅和员工有关，同样和当前的公司、当前的岗位和当前的管理者有关系。所以当前的匹配从成本效益比上来讲是最低的，但这并不意味着他和其他管理者无法达成最优组合。

当然，我在决定要裁掉第一个员工的时候，内心也很忐忑，认为这样做是不是太残忍，是不是会影响这个人的职业发展？但后来我发现，在和被裁的人坦诚沟通之后，他也能完全理解，而且只要沟通得当，就可以让对方知道，你和他之间的配合不成功，并不意味着他和其他管理者的配合也不成功。

课程小结

在这里我给大家分享了管理者该如何优雅地裁员？有理有据又不失人心。首先就是要通过两种成本比对法，对是否要裁员做理性的决定。也正因为我们的裁员决策是理性思考后的结果，这样的决定才不会丧失团队人心的凝聚力，这也是我们能够优雅裁员的前提。其次，管理者要进行沟通，包括和公司的人事部门以及与上级领导间的沟通，最重要的是和被裁掉的员工进行沟通。让他知道你做这个决定不是因为他不够好，只是他不适合我们这个岗位。

如何做出辞退决策？有理有据又不失人心

布置作业

作为管理者，你应该去思考，自己的团队里是否有这样让你犹豫不决的人？根据本节内容来做出一个理性的决定。如果没有，你也可以深度思考一下，对裁员这件事情你有什么看法或者技巧可以分享呢？

（三）现实力：连接外部力量，为团队赋能 >>>

11 撬动上司

与上司同欲？读懂上司心思让你事半功倍

作为一名管理者，应该具备的前两种能力：趋势力和驱动力，我们已经讲过。趋势力教我们如何通过分析市场、洞察用户，从而确保团队在目标执行的过程中不"翻车"；驱动力教我们学会如何从选、育、用、留四个方面搭建团队。有没有觉得自己又获得了不少新技能呢？

在实际的管理过程中，你有没有发现，你其实处在一个有趣的三角关系中。第一种关系是你和你的直属领导的关系；第二种关系是你和你的平级部门的关系；第三种关系是你和你的外部竞争对手的关系。这三种关系，你处理得怎么样呢？你有没有发现，这三种关系处理的好坏，其实就是咱们在管理的实际场景中的一种能力呢？我把这种能力叫

11
撬动上司

与上司同欲？读懂上司心思让你事半功倍

作现实力。

作为一名初、中级管理者，在管理的现实场景中，我们经常会遇到的令人头疼的问题就是：上司为什么突然又改变主意了？上司到底要我做成什么样才满意？上司是不是对我有意见？总之就是一句话：上司的心思好难猜！

这节内容中，我们就一起来学习现实力中的第一种能力：撬动上司，与上司同欲，通过读懂上司心思让我们的工作事半功倍。

很多人一听会不会有这样的感觉？撬动上司？这不就是变相管理上司吗？这怎么可能？

但实际上，我想告诉大家的是，其实管理上司很多时候比管理下属还容易，而且只要把上司管理好了，你就会发现很多工作事半功倍。那么怎么才能管理好上司，撬动上司、与上司同欲呢？我教给大家一个方法，叫"破圈法"。

什么叫"破圈法"呢？你可以这样理解，我们每个人会因为自身的教育、经历等形成一套自我的思维模式和行动习惯，这套自我的东西我将它称为"圈"。很多时候我们觉得和上司想不到一块去，猜不到上司的心思，其实就是因为我们在自己的圈里待得太久了，所以无法跳出去理解上司。这个跳出去理解上司、洞悉他的想法的过程，就是我们今天要分享的"破圈法"。只有打破了我们自己固有的局限圈，才能真正地理解上司，跟上上司的思维，从而达到撬动上司、与上司同欲的目的。

那么，我们需要破的圈都包括哪些方面呢？主要分为三个层次。第一层次的圈叫作"认知圈"；第二层次的圈叫作"行动圈"，第三层次的圈叫作"反馈圈"。

第一个圈"认知圈"，是对一件事情的理解和认知与上司的理解一致，做到"理解上司为什么要这么决定"，或者"上司这么想的目的是想解决什么问题"，从而做到和上司"思想上的统一"。

第二个圈"行动圈"，在行动上跟上上司的思维，也就

11
撬动上司

与上司同欲？读懂上司心思让你事半功倍

是说，在我们做到和上司"思想上高度统一"之后，不能在行动上滑坡，更要将统一的思想落实到具体的行动中去，从而做到和上司"行动上的统一"。

第三个圈"反馈圈"，及时将在行动过程中的结果反馈给上司，因为在实际的过程中，执行是由我们完成的。执行过程中出现了哪些问题？又有哪些新的发现和收获？这些事需要及时反馈，从而做到和上司"步调上的统一"。

通过以上"三个圈"的一个闭环过程，实质上就是我们对上司的"影响力"，也就是我们通过"破圈"，在撬动我们的上司。

接下来我们详细看看这"三个圈"如何破？

首先，我们先来看看"认知圈"。

我给大家举个例子，在我一开始做管理者的时候，我们想做一款帮别人以租车代替买车的产品。当我们的产品方案设计出来投放市场之后，我们发现用户根本不买单，因为用户觉得车没有上自己的牌照有很大风险，于是我就决定暂停这款产品的投放。后来，我的上司问我，为什么停了这款产品，我说因为用户不需要。结果他没有细问只是说了一句：今天不需要，不代表明天不需要，你可以再看看市场趋势。我当时脑袋有被击中的感觉，原来我跟上司看问题的眼光完全不同，我看到的是当下，上司看得更长远，而这就是人和人之间在认知上的差异。

在"认知圈"，我们首先要破我们自己认知的这一层魔障，因为我们的上司他获得的信息或者拥有的经验与我们的不一样，所以管理者要学会打开思维，而不是一味地坚持自己看到的就是全貌，就是对的。

那么，第一个"圈"破了之后，第二个要破的"圈"就是我们的"行动圈"。"行动圈"是什么意思？就是要在理解上司的意思之后，快速执行。当然，很多时候我们也可能会因为认知的蒙蔽迟迟理解不了上司的意思。在这种情况下大错特错的方法是："我不明白上司的意思，所以等我明白

与上司同欲？读懂上司心思让你事半功倍

了再做，"正确的做法是："我先按上司的意思快速执行，

在执行的过程慢慢理解上司的意思。"

第三个需要破的"圈"是"反馈圈"，就跟在湖面上扔

下一颗石子一样，我们希望看到涟漪。上司做完决策之后，

我们也如期执行了，现在需要反馈，需要将我们在实际执

行过程中遇到的问题和获得的结果反馈给上司，从而就

形成了闭环：从上司的认知到我们的行动，再到双方的

认知。

关于"行动圈"和"反馈圈"，我给大家举个反面的例

子吧！在我带团队的时候，曾经有一名下属，个人能力优秀，

但他最大的问题就是在这两个圈上始终无法破圈。有一次，

我们有一款新的产品上线，他是负责这款产品的产品经理，

一开始我们制定好了上线的排期，但后来临近上线，他告诉

我因为技术资源不足，上线需要延后。

出现这样的问题我一开始是非常惊讶的，在我和他沟通

之后发现，他对这个产品的重要性认识不够，也就是"认知圈"他和我的认知不在同一个层次上；在"行动圈"这个环节，也没有通过行动展现出对这个产品的重视程度；在"反馈圈"层，我问他："为什么技术资源不足这个问题没有提前反馈呢？"他理解的是技术资源不足这是一个暂时无法改变的现实，所以在他的"认知圈"里这个问题无法解决，他认为即便告诉我也无济于事，所以他没有破自己的"行动圈"，同时，他没有及时反馈，也没有破自己的"反馈圈"。

　　后来我认真地告诉他，在工作中如果你想理解上司的意思，并且达到上司的预期，行动和反馈都是必不可少的环节。当你理解了上司的意思之后，要快速行动起来，同时在行动的过程中将执行中出现的问题和新的发现反馈至上司，从而才有可能通过上司调动其他资源来解决，类似像"技术资源不够"这样的问题，从他的个人层面就认为无法解决，又何来期望撬动我呢？我需要看到他的具体行动计划和行动过程

与上司同欲？读懂上司心思让你事半功倍

中出现的问题，如果没有这两点，要撬动自己的上司，从上

司处获得更多的资源支持，让自己的工作事半功倍，几乎就

是无源之水。

课程小结

如何与上司同欲？让自己的工作事半功倍？就需要破除咱们脑海中的"三个圈"：第一"认知圈"，要知道我们和上司的认知就跟冰山一样，不同的角度看到的问题完全不同；第二"行动圈"，遇到认知上不能跟上上司的时候，要先执行起来；第三"反馈圈"，在执行的过程中及时和上司反馈，并且在执行的过程中逐步提升自己的认知。这"三个圈"的方法你掌握了吗？

布置作业

试着画出自己在和上司合作过程中的"三个圈"，看看我们经常在哪个圈出问题？如果可以的话，分享一个你和上司上下同欲的案例，并用"破圈法"解读这个案例。

12 用好同级

跨部门协作不顺利，与同事同频你做到了吗？

在管理中要想拥有 "现实力"，那么就得培养自己的第一种力：也就是"破圈法"。通过破自己的"认知圈""行动圈"和"反馈圈"，从而让自己和上司能够上下同欲，也让自己的管理工作事半功倍。

在日常的管理工作中，除了与上司的关系，我们还要处理第二种常见的关系，即和平级其他部门之间的协作关系。怎么才能让跨部门合作产生同频共振的感觉呢？

其实，无论是在上千人的大型组织，还是 100 人不到的小型公司，作为一名管理者，你会发现，你一半以上的工作是需要和其他部门协作的。也就是说，你有一半以上的业绩其实是在和其他部门的协作中产生的，所以跨部门的协作成败在一定程度上决定了我们工作的成败。 如果我们在跨部门跨部门协作不顺利，与同事同频你做到了吗?

的协作中进展不顺利，不论是我们的能力问题，还是协作部门的能力问题，最终目标没有达成，我们仍旧无法实现高绩效。

我先给大家分享一个我在部门间协作失败的案例。当年我带汽车金融团队的时候，和我合作最多的是另外一个事业部的销售团队。按当时的组织架构，我们两个团队分属于两个不同的事业部，需要汇报给两位不同的上司，彼此之间也不影响考核，所以一开始接到这样的协作方式，我就有点懵圈了。困惑我的问题是，在这样的组织架构之下，我们又是为一个业绩目标服务，那么怎么才能让双方协同一致，实现共同目标，也就是所谓像双方合奏一首曲子一样"同频共振"呢?

一开始我的方法是划定双方的职责，比如对方是销售团队，那么对方的职责就是完成销售的 KPI，我们的团队是产品团队，所以我们的职责就是提供符合用户需求的产品。本来以为这样的划分清晰明确。结果在实际执行了一个月之后，我发现完全没有产生理想的结果。在业务开展的实际过程中，销售团队会认为是"产品不够好，所以卖不出去"。产品团队会认为是"销售能力不行，所以产品卖不出去"。割裂开来看双方说的都有道理，但结果是高绩效的目标没有办法实现。事实证明用这种划定职责的做法和同级合作是大错特错。

那怎么才能打破跨部门合作的界限，和跨部门同事实现同频呢？为此我也请教了我的上司，上司告诉我说，其实你现在面临的是不同事业部与不同部门的合作，将来你还可能和不同公司的人合作，所以合作不是说只能在自己的地盘上才叫合作，合作首先要考虑给对方带来了什么价值。

"给对方带来了什么价值"，上司的一句提点让我瞬间醒悟。在实践中，我总结下来，给对方带来价值，需要做到三步：

第一步，用相互成就代替 KPI 硬性捆绑。

这也是我在一开始与平级合作中犯的错误，希望用 KPI 硬性捆绑双方进行合作，但事实上 KPI 只会让双方相互推诿。相比之下，在一个共同目标下互相成就，则是我们每一名管理者的追求，因为我们各自的能力与擅长的领域不同，所以只有在协作中我们才能取长补短，相互成就，共同成长。

就像我们团队和另外一个事业部的销售团队合作，在销售方面对方是专业的，在金融产品方面我们是专业的，只有我们双方在共同成长、相互成就的协作中，才能像一个团队一样取得好的结果。

第二步，合作过程充分透明。

因为涉及跨部门合作，一方面，不同部门的职责、做事风格、文化等不同；另外一方面，不同部门在不同阶段的职责不同，承担的目标和绩效也不同，所以合作过程一定要充分透明。那么如何做到充分透明呢？首先，决策要充分透明。平级合作过程中，双方的意见要充分表达，决策也要由双方共同做出；其次，信息要充分透明。比如在协作过程中遇到的问题双方都要知晓，并一起解决问题。最后，结果要充分透明。即双方努力的结果要充分透明公开。合作过程的充分透明，是为了让跨部门的双方能同频，只有大家都在同一个频道上，才能实现跨部门合作双赢。

第三步，功劳簿上的头号勋章给合作方。

把功劳让给合作方，这其实对很多跨部门协作的管理者均是一个小小的考验。在跨部门的合作中，难免会有一方付出的较多，但如果我们期望在跨部门协作中能同频，很重要的一点就是要在功劳簿上先写上对方的名字。

这一点也是我在和另外一个事业部的销售团队合作过程中总结出来的。对于跨部门的协作，因为双方隶属于不同部门，不同部门对不同项目投入的资源和精力不同，所以如果最终双方的协作取得了不错的结果，在光环面前，就更需要将对方排在第一位。这样做，不是刻意去埋没自己团队的努力，这样做，首先是让对方认识到，当对方在项目中的工作价值被充分认可的同时，更高一层的部门也能看到，在这样的协作中双方的配合积极有效。

而且，当你一次次把功劳簿上的头号勋章给对方的时候，你的同级部门也会更尊重你，更愿意跟你合作。

跨部门协作不顺利，与同事同频你做到了吗?

课程小结

在这节内容中老徐带领大家学习了如何与同级同频，找到共同的利益点，这其实是跨部门合作中的核心点。要找到共同的利益点离不开三步：第一步，用共同成长目标代替共同背负的KPI；第二步，合作过程充分透明；第三步，把功劳簿上的头号勋章给对方。通过这三个步骤，你会发现，围绕着共同的利益点，同级不再是我们简单的协作者，同级是我们的左膀右臂，和他们同频共振，才能让我们的管理生涯更加美妙。

布置作业

回忆一个你在跨部门协作中产生冲突的案例，通过大家学习的三步法，想想如何化解这样的冲突。

13

联袂对手

对手只能对着干？良性竞争辛苦了解一下

13

联袂对手

对手只能对着干？良性竞争辛苦了解一下

我们知道"现实力"中有两种最为常见的力量：一种是撬动上司的力量；另一种是和同级同频的力量。首先，我们需要撬动上司，做到上下同欲，还需要破三层圈，从"认知圈"到"行动圈"，最后到"反馈圈"，破了这三层圈，我们的管理工作才能事半功倍；其次，要和同级同频，核心是要找到和同级的共同利益点。这需要我们做好三步法：第一步，要用共同成长代替共同 KPI；第二步，要做到合作过程充分透明；第三步，要把功劳簿上的头号勋章给对方。

除了上司和同级，"现实力"中还有一种对管理者而言非常重要但容易忽略的力量：竞争对手的力量。那么如何化敌为友？如何从竞争中良性成长呢？在本节内容中我会重点说明。

在我过去的管理中，我经常会问我的下属一个问题，你的竞争对手是谁？他有哪些值得你学习和借鉴的地方？

这个问题，也是我的上司在我初为管理者的时候，丢给我的第一个问题。我当时很惊讶，作为一名管理者，管好自己的事情就可以，为什么去关注竞争对手呢？后来我才知道，竞争对手其实是我们做好管理者这个过程中一面很重要的镜子。这面镜子不是让我们和竞争对手对着干，而是通过这面镜子会让我们看到对方的优势和自己的劣势，让我们知道如何与对手进行良性竞争。

怎么联袂对手？让我们和对手的竞争不再是恶性竞争，在这里老徐教你三招：

第一招，了解竞争对手的软肋。

为什么要了解竞争对手的软肋？很多管理者认为，管理就是管好自己的一摊事儿，其实管理并非如此简单。我们在公司中做管理，本身就是商业世界里的一种行为，商业世界里最重要的法则之一就是竞争法则。所以表面上看，在商业

联袂对手

对手只能对着干？良性竞争辛苦了解一下

世界是公司与公司之间的竞争，实际上是我们每个管理者之间的竞争，甚至是公司的每个员工之间的竞争。在团队管理的过程中，不同的管理者都有其自己的优势和不足，了解对方管理者的软肋，是为我们未来的竞争做好准备。

比如我之前带的销售管理团队中华北区的销售负责人张宇，他的竞争对手是另外一家公司的华北区销售负责人。表面上看，我们和这家对手公司的竞争是公司与公司之间的竞争，但缩小到华北大区，则是他和对手之间的竞争。

他的厉害之处就是他对竞争对手的情况如数家珍，他通过各种渠道了解到，竞争对手在管理中的风格是"传统的兄弟模式"，也就是团队都是靠所谓的"兄弟义气"聚在一起的。这在团队规模比较小的时候弊端不明显，一旦团队扩张为几百人的大团队，这种管理方法就会落伍，团队也会陷入困境。

后来在双方公司的业务进行扩张的过程中，两家公司在华北区域展开了激烈的竞争。但因为张宇对对手的情况了如指掌，所以他在之后的团队管理中赢得先机，因对方管理能力的滞后，最终的市场份额逐步被张宇的团队拿下。

第二招，将对手视作行业风向标之一。

企业的管理从本质上而言就是人的管理，企业的竞争也就是人的竞争。当我们作为一名管理者的时候，我们虽然身在一家公司，但实际上就是在和竞争对手进行高手过招。表面上，我们的团队管理是在管理我们自己的团队，但在商业竞争中，就是两支军队在战场厮杀。所以对手的一举一动，对于一名管理者而言，就是要在战斗之前必须获得的信息，不然这场竞争就难逃挨打的结局。

在我管理团队的过程中，竞争对手就是行业的风向标之一。有哪些竞争对手的信息是我们作为管理者必须要了解的呢？

第一类是对方的管理风格。比如对手公司和自己同样管理岗位的人，他的管理半径、他的管理方法和他能让团队追随的原因有哪些？

第二类是对方的团队构成。比如对方的团队人员都是如

对手只能对着干？良性竞争辛苦了解一下

何选拔的？如何晋升？又是如何淘汰的？对方团队人员的考核机制是什么样的？

第三类是对方的策略。在双方的竞争过程中，对方会如何排兵布阵？核心骨干有哪些？在重大项目的竞争中，对方的激励措施有哪些？等等。

了解竞争对手这些信息的目的，不是和对方对着干，而是要充分地知己知彼，只有做到了知己知彼，才能在良性竞争中立于不败之地。

第三招，将对手视为战友。

在管理过程中，一方面竞争对手和我们是竞争关系，但另外一方面竞争对手又是我们的战友。因为我们可能会面临同样的行业难题，或者面临同样的管理困惑，所以在这种情况下，战友之间则可以相互学习，相互借鉴，从而一起提升双方团队管理的能力。

2014年我开始做汽车金融时，当时行业的竞争还没有进入白热化阶段，所以一开始的几家公司都在跃跃欲试。虽然大家都是竞争对手，但因为当时的二手车金融还处于草创时期，所以产品怎么设计？市场怎么开拓？渠道如何建设？一连串的问题，甚至连我们老板也没有标准答案，同级的部门也没有成功的方法，这个时候怎么办呢？

后来我发现，我遇到的所有问题其实同行也都遇到过，比如渠道如何建设？他们在渠道建设过程中走过了很多坑，积累了丰富的经验。因为是同行，大家更愿意分享和交流，所以这个时候你就发现，原来对手之间不仅有竞争，还能相互学习。

竞争对手的存在，并不是为了消灭彼此；竞争对手的存在，是为了在一个良性的竞争环境中，双方都能提升自我的业务能力和管理能力。正是因为对手的强大，在竞争的环境中，还会倒逼我们迅速地成长，这就是所谓的"强大的对手成就自己"。

13

联袂对手

对手只能对着干？良性竞争辛苦了解一下

课程小结

在团队管理中，竞争对手的存在，不是一个完全的零和游戏，要联袂竞争对手，这三招少不了：第一，要了解竞争对手的软肋；第二，要将竞争对手当作行业风向标；第三，要将竞争对手当作战友。通过这三招，做到知己知彼，才能在竞争中赢得未来。

布置作业

我们今天的作业就是写下一个竞争对手的名字，试试用这三招，将你们之间的竞争变成良性的竞争。

（四）算式力：用好三板斧子，
　　狠抓执行，砍掉拦路虎 >>>

14 锚定目标

执行过程目标动摇？一个公式帮你搞定！

作为一名管理者，你可能经常会遇到第四个问题，就是如何让团队执行到位的问题？执行到位，是确保我们的目标落地、做出业绩的基本动作。那怎么才能做到执行到位？老徐推荐你用好执行"三板斧"，分分钟帮你砍掉执行过程中的"拦路虎"。

老徐把这"三板斧"总结为三件事：第一件事是锚定目标；第二件事是拆解路径；第三件事是落实行动。这"三板斧"也是我们算式力的核心，我们先从锚定目标讲起。

前几天我的一名学员小宇告诉我，他现在管理大概 10 个人的团队，每个月初他都会给小团队定一个目标。但让他困惑的是，这个目标定完之后，本以为大家都理解了，并能在月底的时候顺利完成，但结果却是目标完成度不到一半，而

14

锚定目标

执行过程目标动摇？一个公式帮你搞定！

且每个员工这个月的重点都不统一。小宇觉得很苦恼，有没有好的办法能让团队目标统一，并且确保目标 100% 执行呢？

这让我想起我在初期做管理的时候，也和小宇一样，会根据自己的一些感觉制定出一个目标。这个感觉有时候是因为就想挑战一下团队，有时候是觉得"可能，大概，差不多"，这些通过感觉制定出来的目标在实际执行过程中也没有什么章法，所以最终执行的结果也都是各种不如人意。

后来随着我对业务的理解越来越深，我就发现，再复杂的业务都可以用一个公式来表达，就是我们制定的某个目标，最终结果往往是一个数据。它不应该是拍脑袋就制定出来的，相反它是通过一个公式计算出来的，我把这种用公式算出来的目标，称之为科学合理的目标。

举个例子，比如我们当时做的是二手车金融业务，作为一个独立的事业部，考核这个业务做得如何，一个目标可以是营业收入，还有一个目标可以是净利润。我们假设以营业收入为目标，那我们就要理解，营业收入等于什么？这需要把营业收入的公式写出来。

比如我们的营业收入 = 资产余额 × 费率（take rate），也就是说我们出借的资产 × 我们的净息差。

公式是不是到这一步就够了呢？完全不是，如果只是简单的这个公式，对每家公司、每个团队都适用，但对于一名想把执行抓到位的管理者，这个公式则需要继续往下写。

怎么写？也就是要把公式里的每一项继续再列公式，比如资产余额又等于什么？费率又等于什么？这就和咱们小学时学的数学一样，需要把这个公式等量代换。

为了简单理解，我们以一家水果店为例。水果店的店长要给他的下属制定目标，假设他以水果店的营业收入为这个月核心关注的指标，那么水果店的营业收入的公式需要先写出来，即营业收入 = 销售额 × 客单价。公式到这步只是刚开始的第一步，还需要把销售额和客单价继续往下写。

销售额等于什么呢？销售额等于每种水果的销售额的综合，客单价等于每种水果的平均价格，所以销售额 =A 水果

执行过程目标动摇？一个公式帮你搞定！

销售额 +B 水果销售额 +C 水果销售额 +……

客单价则等于 A 水果客单价 ×A 水果的销售额占比 +B 水果客单价 ×B 水果的销售额占比 +C 水果客单价 ×C 水果的销售额占比 +……

公式到这一步，假如水果店的店长是按水果种类划分的，也就是说，员工张三负责 A 水果的销售，员工李四负责的是 B 水果的销售。那么在这个月的目标执行中，张三就为 A 水果的销售额和 A 水果在总的销售额中的占比负责，同样，李四就为 B 水果的销售额和 B 水果在总的销售额中的占比负责。

你有没有发现，在我们的目标执行落地的过程中，因为有公式一层层的指引，所以通过公式可以看出每个公式中的指标项，每个指标项又对应不同的团队，这样在执行的过程中，每个团队都能清晰地知道自己的目标，并且因为有公式在指引，所以大家也都能理解不同的指标项对最终目标的影响。

我们以小宇的团队为例，他的团队是酒店用品的销售团队，对于销售团队而言，最关键的指标是销售业绩，也就是

GMV，现在我们就需要帮小宇把代表销售业绩的公式拆解出来。

销售业绩 = 销售单量 × 客单价

如果小宇公司的产品客单价是固定的，那核心的指标就是销售单量，但简单地以销售单量为指标并不能指导每个人执行。

还有没有公式呢？我们可以想一想，销售的工作一般分为拜访客户，找到意向客户，然后从意向客户中找出成交客户，那么这个公式就可以是：

销售单量 = 拜访客户数 × 意向客户转化率 × 成交客户转化率

其中，意向客户转化率 = 意向客户数 / 拜访客户数

成交客户转化率 = 成交客户数 / 意向客户数

有了这个公式，你有没有发现，如果你关注你团队里小张的工作执行情况，不是等到月底他给你报单，而是从一开始，小张就明确知道这个月他的拜访客户数要做到多少，意向客

执行过程目标动摇？一个公式帮你搞定！

户数要做到多少，成交转化率要做到多少以及这个月他最终的成交量是多少。

同样其他 9 名下属的执行也可以依据这个公式，依据这个公式，最终就可以计算出来小宇关心的每个月的销售目标了。

所以要在团队的执行过程中，从业务中找到公式，根据业务将公式中的指标具体量化出来，最好能具体到每个人。这样团队的执行也就有了清晰的方向和目标。

课程小结

在我们的日常管理过程中，公式是一种比较抽象的思维能力，但这种思维能力可以帮助我们快速地从繁杂的日常事务中抽身出来，从而看到我们业务的本质。而且掌握了公式之后，对于目标的管理就不再是对不同的下属苦口婆心的说教或者其他手段，而是根据公式中的具体指标，让每个人都用同一套目标机制，实现自我约束和管理。

布置作业

我们今天的作业就是根据我们的业务特点，试着用一个公式来描述我们的业务目标，然后对公式指标再进行量化。

15 拆解路径

越干越累？超级拆解法帮你轻松达成目标

为了防止执行过程中目标动摇？老徐分享了一个公式轻松搞定一切。这就是我们算式力"三板斧"中的"第一板斧"，这一板斧帮我们管理者先砍掉了目标执行中的第一只"拦路虎"。有了公式的指引，第二步就是要解决在管理过程中，出现的越干越累的问题，也就是我们的"第二板斧"。

在我们的管理过程中，你有没有过这样的感受？每个月的月初，你都花了很多时间去琢磨执行这个月的目标。制定完目标之后，你也和团队充分沟通了这个月目标，但在实际执行过程中，你会发现围绕目标，不同的员工有不同的干法，不同员工又有不同的思路。结果本来就并不是很大的团队，总感觉是散着的，拧不成一股绳，大家的劲儿没有往一处

拆解路径

越干越累？超级拆解法帮你轻松达成目标

使……作为管理者，你甚至还要协调不同员工因为工作目标和方法的不同，从中产生的协作不顺畅的问题。这个问题会让员工感觉越干越累，管理者的感觉也同样是越干越累，越管理越乱。

那么这个问题到底是什么问题呢？其实归根结底，是因为我们没有对达成目标的路径做拆解。

这句话怎么理解？我给大家举个我跑步减肥的例子。很多人都会立减肥的 Flag（旗帜），比如半年要瘦 5 斤这样的目标。而很多人一开始也可能跟我一样，定了这样的 Flag 之后，就开始行动起来了。比如可能选择的方法是跑步减肥。

为了快速执行，很多人立完这个 Flag 就开始行动了。第一天，努力跑 3 公里；第二天跑 3.5 公里；第三天，感觉到累了，又只跑 3 公里；第四天，发现天下雨了，先不跑了；第五天，心情不好，先休息一下不跑了；第六天，觉得良心发现，有点愧疚，不能不坚持，一口气跑了 4 公里；第七天，又累了，又回到了 3 公里……

　　结果发现，一周过去了还是 3 公里，配速、心率等指标并没什么变化，体重也没有任何变化，你的感觉却是越跑越累。问题出在哪里呢？同样是因为我们没有拆解路径。

　　围绕目标怎么拆解路径？我和大家分享一下我在人人车的故事。我们要做汽车经销商 4S 店的渠道业务，因为这个业务起步较晚，我们在初期阶段关心的核心指标是上架量（也就是说，有多少台 4S 店的二手车会发布在我们的平台上）。

　　围绕上架量的目标，在初期我们的上架量只有几百，要实现翻倍的目标怎么做呢？正确的做法不是像上文中说的减肥一样，立个 Flag 就蒙着头执行，而是要把上架量提升一倍的路径拆解出来。怎么拆解？

　　第一步，找到公式。

　　也就回到我们讲算式力的"第一板斧"，找公式。上架量 = 待上架的车辆数 × 上架率。找到这个公式之后，我们知道这其中有两个核心变量决定最终的上架量。那么接下来就是要在这两个核心变量上下功夫。

越干越累？超级拆解法帮你轻松达成目标

第二步，对核心指标分维度拆解。

比如上个月我们的上架车辆数是 1000 台，这个月需要拓展到 5000 台，那就要对 5000 台进行拆解。这个拆解可以是先拆解到每周需要上架多少台，然后再拆解到每天需要上架多少台。

拆解到每天需要上架的目标之后，可能还需要根据业务的特点去分析不同城市的目标是多少？比如全国是 300 台，那么业务所在的每个城市要做到多少台？

同样还需要再找到拆解的维度。比如渠道的类型，如果每天全国是 300 台，大型的渠道需要多少台？小型的渠道需要多少台？中型的渠道又需要多少台？

第三步，验证。

在经过第二步逻辑上的拆解之后，第三步就需要在实践中进一步验证。比如全国的目标是 300 台，但可能不同城市因为市场、竞争等原因，城市之间的目标是无法平均的，还需要根据实际的情况二次调整。

经过反复的验证和调整，我们分维度的拆解也会越来越准确，从而在之后的团队目标管理的过程中，拆解的路径也会越来越清晰。

这就和减肥一样，比如我们定的目标是三个月减掉 5 斤。

第一步，先要知道 5 斤的目标是体重下降的目标，也就是说我们"摄入量－消耗量"的绝对值，比上个月减少 5 斤，这是第一步公式。

第二步，就是要将 5 斤的目标路径拆解出来。比如摄入量要控制在多少？消耗量要控制在多少？

为了达到这个摄入量和消耗量，每天甚至到每一顿饮食摄入的量是多少？为了达到这个摄入量，是吃牛角包还是吃苹果就显而易见了。同样为了达到某个消耗量，每天是步行 30 分钟还是有氧运动 30 分钟也就非常具体了。

大家有没有发现，其实目标的具体落地执行是一件首先要在逻辑上准确计算的事情，这也是《孙子兵法》里讲到的。作为一名管理者，你在管理一个团队的时候首先要做"庙算"，

越干越累？超级拆解法帮你轻松达成目标

所谓的"庙算"就是要提前去计算不同的条件下，发生某种结果的可能性。经过这样一层层逻辑严密的计算过程之后，剩下的就是按照拆解出来的路径去一步步执行，同时在执行的过程中小步地验证计算逻辑，实时修正逻辑。

课程小结

目标拆解路径的方法：第一步，我们需要先找到我们关注的核心目标的公式。第二步，根据业务的特点，从多个维度去拆解。这其中有时间维度，有实现难易程度的维度，就跟我们建造一幢大厦一样，维度越多，我们对这幢大厦的构造就越清晰。第三步，在实践中验证拆解出来的路径。

当然了，这个拆解方法也可以用在咱们自我的成长过程中。比如你给自己定的目标是到年底成为高级管理者，管理上百人的团队。那么同样这个拆解方法也可以帮到你，要实现这个目标，具体到每一天要做什么？不信你可以试试哦。

越干越累？超级拆解法帮你轻松达成目标

布置作业

　　我们今天的作业就是拆解一个近期你给团队制定的目标，拆解的路径越清晰越好，所谓越清晰，就是能具体到每一天做什么，甚至每一个小时做什么。

16

落实行动

光喊口号不干活？一张施工图教你督促执行

16
落实行动

光喊口号不干活？一张施工图教你督促执行

我们学习了管理者五种能力中的"算式力"，"算式力"又被老徐拆为执行过程中的"三板斧"。其中前"两板斧"："第一板斧"是砍掉管理过程中目标不能100%执行的"拦路虎"；"第二板斧"就是砍掉管理过程中路线不统一越干越累的问题。那么，在管理中还有第三只"拦路虎"，叫作"只喊口号不干活"。

作为一名管理者，你可能经常遇到这样的问题，团队的目标已经清晰制定出来了，实现目标的路径也都从不同的维度给出了方法，但团队成员依旧会出现只喊口号没有行动，或者行动跟实际的计划不在同一个节奏上。那么遇到这种情况怎么办？这正是这节内容中老徐要教给大家的，也是我们算式力的"第三板斧"：用一张施工图教你督促执行。

采用施工图督促执行的方法，其实最开始在项目管理中应用比较广泛。我们最常见的，比如要建造一幢大楼，先画一张施工图，就明确了目标，然后再进行执行时间规划、责任主体任务的分派，等等。其实就连小孩子们玩的乐高也是有明确的施工图，比如先做什么，后做什么，不同事项之间的依赖关系如何解决。

施工图督促执行的方法在团队管理中怎么用呢？老徐为大家介绍一下，在团队管理中施工图就相当于一个团队的项目计划表。这个项目计划表主要用来督促团队的项目按完整的流程顺利执行，这里的"项目"你可以将其理解为团队要实现的某个目标。

在团队管理中如何制作出一个可落地、可执行的施工图呢？老徐将施工图总结为"五大核心要素"，这五个核心要素是在一张完整、可落地的施工图中必不可少的五大要素。

第一要素，即主体。就是团队项目中，具体由"谁"来负责和执行，这个"谁"可以是一个人，也可以是一个组。

光喊口号不干活？一张施工图教你督促执行

确定"谁"，也就是在确定这个事项的"owner"，也可以说是责任主体。如果这个项目执行得很好，荣誉和成绩自然也属于 owner 所有。

第二个要素，即时间。截止时间，也就是这一部分最晚的交付时间。对于时间的执行在团队管理中，建议是尽可能留出一些时间的 buff（充裕），尤其是前后有依赖事项的截止时间，更需要留出一些富余，避免为了赶时间无法保证交付的质量。

第三个要素，即交付的标准。交付标准是施工图中最容易被忽视的，但又是非常核心的要素之一。尤其在团队管理过程中，因为存在团队之间彼此协作，所以每个成员的任务项需要明确定义。而要明确定义，就需要对这项工作有明确的量化目标。怎么理解呢？

假如事项是"拜访客户"，这只是一个任务项，不是一个交付标准，交付标准可能是"拜访 10 个有购买意向的客户，每个客户拜访时长不低于 60 分钟，拜访完成后交付不少于

5000 字报告"。所以交付标准是施工图在执行过程中，量化执行者的目标是否完成的重要评价依据。

第四个要素，即依赖项。这也是施工图在实施过程中又一容易被忽略的因素。因为在团队管理中，大家的工作是相互协作的，这样的协作方式就跟接力赛一样，第一棒要传给第二棒，如果第一棒的工作没有完成好，第二棒的进度就必然受到影响。所以在施工图的制作过程中，需要明确勾勒出相互之间的依赖项：一是让双方明确自己的工作完成结果会影响到谁；二是让双方的协作能够更顺畅进行。

第五个要素，即处罚/奖励项。因为我们需要的是一张可以落地执行的施工图，所以处罚/奖励项同样不可或缺。既然已经明确了责任主体，明确了截止时间，也明确了交付标准和依赖项，那么在实际执行过程中，团队中的每个人都要按计划表如期执行。出现执行不到位，比如截止时间没有完成、交付标准没有达到等问题，或者是提前完成等，则必须对应相应的处罚/奖励项。

光喊口号不干活？一张施工图教你督促执行

　　具备了以上五个要素，一张完整的施工图就出来了。今后在团队管理过程中，管理者要监督大家落实，按照施工图的计划推动团队按时间和标准交付结果。

　　听到这里，你可能想问：施工图要怎么落实呢？老徐建议在具体实施过程中，管理者要充当好一个"项目经理"的角色，这个"项目经理"要做好三件事：

　　第一件事，协调资源。按照施工图的实施计划，在实施过程中可能会出现资源不足或者资源富裕的问题，这时项目经理就需要及时协调资源。比如按原定的交付时间，可能某个团队的人手不够，但其他团队可能会有富余。那么就得做好人员的协调与调度。

　　第二件事，处理突发事件。即使是再完美的计划，在实施过程中也不可避免有突发的情况出现，所以"项目经理"除了做好第一件事之外，还要处理好各种突发的状况。这也是对管理者应对变化的一种考验，需要灵活应对新问题、新状况。

第三件事，及时复盘。施工图是实施前的指导手册，及时复盘是实施后的经验总结。如果不复盘，仅仅有实施前的指导手册，没有把实施过程中的经验、精华、教训等总结进去，实施前的施工图会流于形式。所以作为一名"项目经理"，在带着团队落实计划的过程中，及时复盘是让下一份施工图更加完美的必需条件。

光喊口号不干活？一张施工图教你督促执行

课程小结

　　狠抓执行的"三板斧"中的最后"一板斧"：施工图你学习得怎么样呢？在这节内容中我们学习了一张可落地的施工图需要五个核心要素，包括实施主体、交付时间、交付标准、依赖项、处罚／奖励项。这五大核心要素在施工图中均是不可或缺的，只有这五项完整具备了，施工图才具备在落实行动中敦促团队执行的作用。此外，在施工图的实施过程中，管理者的角色就相当于一名"项目经理"：一方面要协调资源；另一方面要处理突发状况；还要及时完成复盘。做好这三件事，施工图的设计和实施才能完美配合。

布置作业

我们留给大家的作业是，试着选一个自己最近管理的目标，用五要素的方法论，做出一张完整的施工图，看看这张施工图能否指导我们的目标完美落地。

（五）优势力：精准用人，挖掘内部潜能 >>>

17 挖掘特长

普通人怎么用？一个故事帮你找到他的长处

普通人怎么用？一个故事帮你找到他的长处

通过前面章节的学习，我们知道了作为管理者必须具备的四种核心能力，从制定目标的趋势力，到团队选育用留的驱动力，再到在工作中处理好与上司、同事、对手关系的现实力和将目标落地执行"三板斧"的算式力。而本节内容是最后一个要学习的能力——优势力。

优势力是解决什么问题的呢？作为管理者，大家有没有发现，管理团队的过程类似一个搭积木的过程，不同的员工有不同的能力，就像不同的积木，那么如何把不同的积木组合成最佳的作品呢？这就是我们说的优势力所要解决的问题。

接下来我会分别教大家如何用一个故事既找到普通人的长处，又可以高效利用的"两步法"。通过该方法让团队中

的人才有用武之地以及通过三个技巧拼出最佳组合，最后
通过成长驱动和关系驱动，从而让整个团队的组合发挥更大
作用。

可能你们中的很多人都曾在管理学上学习过员工的"四
象限划分法"，就是会根据业绩和价值观两个维度将员工分
为兔子、野狗、黄牛和明星。很多企业会选择开掉野狗和兔子，
但对于黄牛型普通员工，却总会有恨铁不成钢的感觉。

和明星型员工相比，黄牛型员工属于普通员工，就是我
们看到的公司里的大多数，也正因为普通，容易被忽略，但
这部分大多数却是公司的支撑力量。那么黄牛型普通员工怎
么用？"高光故事法"就可以帮你解决。

什么是高光故事法？也就是指一个人的高光时刻（也称
为 highlight），你可以理解为经过某种苦难、奋斗、考验后
超越了自我的人生极限，取得一个非常不错的成果，在日后
回想起来也是闪着光的瞬间。

比如在职业生涯中，我们可能会历经某种困难，完成了

挖掘特长

普通人怎么用？一个故事帮你找到他的长处

某个重大的项目，或者历经自我的某种挑战之后完成了一项转型，等等，这样的经历在我们之后的回忆中，都是让我们觉得兴奋，并且愿意与更多人分享的瞬间或时刻。

这个方法在团队管理中怎么用呢？老徐将"高光故事法"总结为三步，通过这三步，在我们面对黄牛型员工时，我们就可以找到他们的特长，也就是他们的闪光之处。

第一步，描述困境。就是带着你团队中的黄牛型员工，找到过去的一件对他至今影响非常深刻的事。在这件事中，需要他先描述当时遇到的困境。比如资源分配不足、经验不足、能力不足，等等，而且这个困境是他真实遇到或感受到的。

第二步，讲述方法。让他描述在解决这些困境的时候都用了哪些方法？这些方法包括外部和内部的：外部资源的协助、领导的指导、同事的协助或者陌生人的倾囊相助；内部自我的突破、自学或者加班等方式。

第三步，挖掘特长。通过其对困境的描述和解决困境方法的讲述，来挖掘每个人不同的特长。比如有的员工描述的困境可能是自己经验的不足，他解决这个困境的方法是自己快速地购买了很多课程，约见了很多行家来快速补充自己经验上的不足。这说明这种类型的员工是自我驱动型，自我驱动型员工能够在困难和压力之下，通过提高对自己的要求和激励自己来完成当前的任务。

有的员工遇到的困境可能是在工作中没有人带，他的解决方法则是不局限于本公司的前辈，还会去参加行业会议，参加同行聚会，然后找到同行，甚至更多的人来指导自己的工作。运用这种方法的人说明他擅长通过调动身边资源来解决问题，无论是内部资源还是外部资源，他都可以调动起来解决困境。

通过这三步，你有没有发现，即便是再普通的人，他都有自己的天赋或擅长的方面，也就是他的闪光点。

这里老徐也想提醒你，作为管理者，最失败的一种是盯着下属的不足或者缺点，要求员工天天改正缺点，或者想尽办法弥补不足。大家是否还记得，老徐跟大家分享的管理的

本质是激发他人的善意，是成就他人，所以优秀的管理者，

眼中应该更多看到的是员工的优点，也就是他的擅长之处。

在团队的管理中，将他的擅长之处和岗位需要结合起来，把

他的优势点充分发挥出来，这些足可以成就一个普通人。

课程小结

在团队管理过程中，一种模式是一位优秀的管理者，带着很多明星员工成就了一番事业；还有一种是一位优秀的管理者，带着很多普通人成就了一番事业。表面看，前者好像更吸引人，但实际上，明星员工屈指可数，而且前者成功的概率也极低。相反，后者中的普通人更容易成功，就像马云先生带领阿里巴巴从一开始的"十八罗汉"起步，这"十八罗汉"都是非常普通的人，只是马云先生找到了他们的特长，也就是他们的优势点，从而成就了阿里巴巴的事业。

通过描述困境、讲述方法、挖掘特长这样三步的"高光故事法"，我们就可以像马云先生一样，找到每个普通人身上的闪光点。将这个点在公司的岗位上充分放大，这样普通人也会做出一番不普通的事业来。

挖
掘
特
长

普通人怎么用？一个故事帮你找到他的长处

布置作业

我们的作业就是随机选一名团队里的员工，运用"高光故事法"，挖掘出他的特长，然后分析一下，他的特长和他目前做的事情是否匹配？

18 知人善用

两步挖出团队需要，让英雄有用武之地

18
知人善用

两步挖出团队需要，让英雄有用武之地

作为管理者，在团队管理过程中，你需要懂得用"高光故事法"来发现团队中普通员工的特长。我们可以通过和员工分享走出的困境、讲述方法和挖掘特长的三步故事法来找出员工的优势，从而发挥普通员工在团队中的核心价值。

其实团队中除了大多数的普通员工之外，还有另外一类让我们又爱又恨的明星员工。这部分员工在公司中屈指可数，但是公司的核心骨干，专业能力强，有强烈的自我驱动，业绩优秀。随着他们自身能力的提升，他们可能会有在这个公司"英雄无用武之地"的困惑。

那么怎么才能挖出团队需求，让这样的明星员工有不断上升的空间呢？

老徐还是先给大家讲一个我自己的故事。在我做基层员工的时候，可以说是属于明星员工那种类型，在当时的部门中，我的业绩最优秀，同时也是当时部门晋升最快的主管。

在晋升的初期，我觉得成为主管就打开了一张新的蓝图，因此充满了激情和拼劲，但时间一长，就觉得自己好像可以更优秀一些，反而是平台的发展缓慢，拖累了自己的成长速度。在这种情况下，对于我个人而言，就产生了一种"无用武之地"的感觉。那个时候可以说我的老板给我做了明星员工如何管理的表率，他是怎么做的呢？

我的老板在发现我有这样的想法之后，并没有打压我，而是告诉我一家公司的发展曲线和一个人的成长曲线一定会出现不吻合的情况。比如，在某些阶段公司的发展非常快，但个人的成长可能会缓慢。但有的情况是公司的发展进入平缓阶段，个人却渴望以更快的速度成长。正是因为这个原因，会让很多优秀员工觉得"英雄无用武之地"，从而导致优秀员工流失……

两步挖出团队需要，让英雄有用武之地

那么，如何解决这个问题呢？

带着这个问题，老徐结合自己在后来做了管理者之后的经验，总结出了"两步法"也许可以帮到大家。

第一步，借事修人。什么是借事修人？借事修人就是在用人的过程中养人，在养人的过程中用人。比如你跟团队每一次开会、每一次讨论事情的时候，并不只是在做业务的交流，同时也是一个在修炼人的过程。在打仗的过程中，就是借事修人，借这场仗来修炼自己的内功。

我的老板会让我去参与一些我之前从来没参与过的，或者我认为比较务虚的东西。比如，让我来组织一些公司级别的峰会。在组织这些峰会的过程中我不经意间发现，原来我认为自己的能力已经到了瓶颈，其实只是在做记者这个专业方向上到达了一定的高度，但在大型会议的组织、协调、跨部门的配合、市场宣传等方面，我几乎是完全空白的。

这样的借事修人的过程，也是一个将优秀员工重新丢到一个新的炼炉中去锤炼的过程，这个新的炼炉，能帮助优秀员工看到自己的不足，从而达到修炼他最终实现自我价值的目的。

第二步，借人修己。什么叫借人修己？你可以这样理解，就是在团队管理的过程中，可以通过借助他人的言行、得失，从而修炼自己的能力和品格。

我们知道第一步是借事修人。那么第二步就是借人修己。怎么理解呢？我们知道对于优秀员工而言，最重要的不是去告诉他们应该做什么，而是要帮他们打开"天眼"，这个"天眼"就是我们说的外面的世界，也就是身边更多比他更厉害的人。

大家可能听过滴滴出行创始人程维的故事。程维在创立滴滴之后，前期也是遇到各种挫折和困难。后来，他发现自己遇到的这些挫折和困难，行业里的各路高手都遇到过。所以，在滴滴公司逐步壮大的过程中，程维为了倒逼自己快速成长，就成立了自己的"天眼团"，也就是一个能帮自己打开外部世界的高手顾问团。

同样，在我作为一名优秀员工时，我的老板做得比较多

18
知人善用

两步挖出团队需要，让英雄有用武之地

的事情就是会在各种不同的场合，带我去见不同的厉害的人，从而为我打开进步的"天眼"，也正是这样一个借助他人修炼自己的过程，让我意识到山外有山，人外有人。同时，对于自身的要求也会更进一步。

后来，在我自己成为管理者之后，对于明星员工，我也会在一些重点业务方面或者一些重要的场合带上明星员工，从而期望借助更厉害的人来不断修炼他们每个人，使得他们不断提升自己。

我知道，作为管理者的大家，每个人都不希望自己培养的核心员工流失，但明星员工往往都会面临着各种选择和机会。如果我们希望让明星员工英雄有用武之地，就需要不断地通过事和人来修炼，只有这样才能让他们看到更大的事业和更广的成长空间。

课程小结

老徐在本节主要告诉大家，如何用借事修人和借人修己这两种方法修炼优秀的员工。你还担心你的明星员工没有用武之地吗？当然，无论是借事，还是借人，我们作为管理者的成长也不可一日掉队，只有管理者的管理方法和管理能力提升了，大家合力才能推动公司的发展。

布置作业

举一个你在团队管理中管理明星员工的方法，无论是借事修人还是借人修己，看看这两个方法是如何帮助你让明星员工有更大的用武之地的。

19 优势互补

还在单打独斗？三个技巧拼出最佳组合

"**高**光故事法"让企业管理者知道：如何挖掘出普通员工的优势，如何通过借事修人和借人修己让明星员工有更大的发挥空间，从而开拓"用武之地"。

在一个团队中无论是占大多数的普通员工还是屈指可数的明星员工，都无法通过单打独斗取得胜利。所以作为管理者我们可能经常遇到这样的问题：如何将员工更好地组合，从而达到优势互补。

可见，组合员工对于管理者来说，从一定层面上就是进行"资源组合"的事情，只不过团队管理的资源组合，是将人的资源进行组合。如何组合出最佳的效果？这对于每位管理者来说，都是犹如"如何打出一手好牌"的考验。结合过

还在单打独斗？三个技巧拼出最佳组合

去 10 多年的经验，老徐给大家分享三个团队组合的技巧：

第一个技巧，用项目制代替小团队。

什么是项目制？老徐先为大家解释一下，所谓项目制，可以理解为是以某个具体的任务为导向，通过将任务分解从而形成的不同成员之间的组合。

那么，项目制和小团队有什么区别呢？小团队是我们经常熟悉的可能以某个人为核心组成的成员之间的组合。比如，张三负责电话销售，那么将会以张三为中心搭建一个小团队向张三汇报工作，这个小团队的汇报关系同时也是行政关系。但项目制则完全不同，项目制可能是以提升奶茶的复购率这样一个任务为核心的，围绕这个核心任务，形成一个关键的负责人，其他人配合这一关键的负责人来完成这项任务，等这项任务结束，大家的合作关系也结束了。

为什么要用项目制代替小团队呢？原因有两个方面：一方面，项目制更加灵活，尤其是在各自的优势互补上更加灵活，可以根据项目的特点和要求，灵活搭配更适合这项任务的成员，而小团队更强调人的行政管理作用，在小团队中每个人的优势互补作用将无法充分发挥出来；另一方面，项目制更能培养员工的领导力。和小团队不同，小团队负责人的领导力是通过某种权力或者以行政命令的方式授予的，但项目制中的负责人则是通过自己的影响力来影响项目中的每个成员，让大家能聚集在一个项目中，为共同的项目目标努力，所以项目制在团队管理过程中更能培养员工的领导力。

第二个技巧：团队成员之间松耦合。

什么是松耦合？大家可以借用一个形象的比喻：就是插头和插线板的关系。在这种关系中，插头可以插在任何一个符合自己特点的插线板上。同时，插线板也接受不同类型的插头，只要能插接上即可。

那松耦合在团队合作中发挥什么作用呢？松耦合在团队合作中就是尽量减少成员之间固定的行政隶属关系，更多地鼓励团队成员之间平等的协作关系。在过去 10 多年的管理过程中，老徐发现松耦合的团队关系，表面看上去彼此之间没

还在单打独斗？三个技巧拼出最佳组合

有强硬的汇报关系，好处却是显而易见的：一方面，可以激发每个员工在平等的合作关系中，充分发挥自己的特长；另外一方面，松耦合的关系还能消除团队之间形成"小团队抱团"。要知道抱团行为对管理者而言，危害是很大的。

所以松耦合的关系，能够帮助管理者在管理的实际过程中更容易调动员工的工作积极性，并且能根据各自优势在自己的方向上发挥出最大的价值。

第三个技巧：留有替补。

很多人一听"留有替补"这个词就容易想到，这不是大公司病吗？其实，完全不是这么回事。

在团队管理过程中，留有替补是一种团队之间拼搭出完美组合的技巧。具体来说，在团队的组合中，我们需要对团队中的关键角色配之以副手，来协助关键角色完成某一项任务或项目。

为什么要这么做呢？三个原因：第一，为了应对关键角色出现意外的风险，对于重要的项目和关键的角色，在团队管理中需要留有替补，以应付突发的情况；第二，替补角色并不仅仅是这一个角色，他在这个项目中是替补，可能在别的项目中就是关键角色等；第三，充当替补角色也是一次向关键角色学习和锻炼的绝好机会。

留有替补，就可以让团队之间的拼搭组合像一场足球赛，因为有替补队员存在，就不用担心意外状况发生，并且替补角色本身充当着团队组合中的润滑剂，可以及时处理团队组合中可能出现的偶发状况。

还在单打独斗？三个技巧拼出最佳组合

课程小结

在团队管理的过程中，如何更优地组合团队，是使团队能够发挥出超过个体价值总和的关键。如何组合更优的团队？老徐今天教了大家三个技巧：第一个是用项目制代替小团队；第二个是松耦合，让成员之间不再是硬邦邦的绑定关系，而是根据各自优势相互补充的协作关系；第三个是留有替补，目的是应对团队合作中的偶发情况，从而让团队组合更加协调。

布置作业

我们的作业就是复盘一下自己目前的团队组合，看看目前的团队搭配存在哪些不足？这些不足的地方是否可以用本节讲述的三个技巧来完善呢？

20 成长驱动

追求发展？一份清单助力团队拨开发展迷雾

追求发展？一份清单助力团队拨开发展迷雾

前面老徐主要教企业领导者如何提升自己管理方面的"优势力"，而接下来则从员工自身方面来剖析，也就是通过员工内部量变达到质变，进而推动团队的发展。内部的量变也可以理解为员工内在的驱动。内在驱动分为两大驱动：一是成长驱动，二是关系驱动。我们先从成长驱动学起。

在我过往的实际管理过程中，我发现一个特别有趣的现象，就是无论作为管理者，还是作为员工，都会把在职业发展中遇到的困惑，总结为"自己没有了更大的成长"。同样，在我日常的职业生涯咨询中，我发现 90% 的职场人士遇到的困惑或抱怨仍然是"自己没有了更大的成长"。

毫无疑问，自我成长已经成为职场人士在工作中的第一需求。那么回归到团队管理中，对于管理者而言，如何才能让员工感觉到自己在不断成长，同时又能因为员工的不断成长带动团队整体成长呢？说得更直白一些就是，如何实现员工和管理者在价值诉求上的一致呢？

在拿出这份成长清单之前，我先请大家思考几个问题：我们都在追求个人成长，这个成长到底是什么？这个成长需求又可以拆解为哪些要素？

大家首先想到的应该是能力上的进步、收入上的提升、职位上的晋升等，其实这些都是我们所谓的自我成长表现出来的结果而已。我们再想一下，要想实现这些结果，我们需要做到哪些事情或者具备哪些条件才能获得这样的成长，最终实现能力进步、收入上升或者职位上升这些结果呢？

老徐将这些我们要实现自我成长要做的事情或者具备的条件，称之为成长清单。

首先，要实现自我成长，在这份成长清单中需要做的：

第一项，你至少要有一个成功的作品。什么是成功的作

追求发展？一份清单助力团队拨开发展迷雾

品？你可以将它理解为，你曾经负责过的某一个成功的项目，也可以是你曾经成功拿下的某一个大客户，也可以是你曾经设计的某一个成功的产品，也包括你从零开始搭建的团队，等等。所有可以证明你在某个方面拥有强大能力和优良结果的，都可以称之为自己成功的作品。我们要想在工作中获得成长，有一个成功的作品是必不可少的，这是成长清单中必须具备的第一项。

第二项，你遇到的某个挫折。为什么会是挫折呢？遇到的挫折，其实正好是我们在工作现实和自身能力之间出现的鸿沟，所以在我们成长的清单中，必须有一项是我们遇到的挫折，而且这个挫折是至今还没有解决的，也就是自己曾经跌倒过的地方或者不成熟处理的事情。比如，我在团队管理中我会刻意去关注团队成员遇到过的挫折，从而可以分析出他在某些方面可能存在需要提升的地方，这也是挫折这项一定要列在员工的成长清单上的原因。

第三项，你对自我的渴望。也就是每个人的自我追求和价值取向。比如，有的团队成员的自我渴望就是一份稳定的工作，有的人的自我渴望则是希望自己能独当一面。所以不同的自我渴望就意味着，大家自身的追求是不同的。

第四项，愿意为之付出的努力。对我们每个人来说，有第三项中的渴望，就会有第四项中的愿意为之付出的努力。我们发现不同的员工在愿意为之付出的努力方面也是有较大差异的。比如有的人愿意通过加班，通过自我学习，通过培训等不同的形式来为之付出努力。但有的员工则相反，这也是清单的重要组成部分。

第五项，即失败了怎么办。这是成长清单中最有意思的一项，在团队管理的过程中你会发现，所有人在追求自我成长的过程中都不一定能满足清单上的第三项。这种最终未能满足，也可能是自我的努力不够，但也有可能是外部的其他原因，甚至机遇或运气。

那么，如果失败了怎么办？是一个成长驱动清单上必须有的问题，有的人的答案可能就是跳槽换工作，有的人的答

追求发展？一份清单助力团队拨开发展迷雾

案则是在失败中找到原因，继续努力。

从这个事项中大家可以看出，在一个人的成长驱动中，成功的作品和失败的挫折说明一个人过去的经历，对自我的渴望是他追求自我成长的动力，愿意付出的努力是他追求自我成长的过程中甘愿承担的代价。

失败了怎么办，是他面对失败的应对方法，这就跟我们策划一场完美的旅行一样，在旅行出发之前我们要检查我们的出行清单，这份出行清单必须明确我们要去哪里？怎么去？准备的必需品是否已经带齐？万一目的无法达到预期怎么办？

通过这份成长清单上的五个事项，我们大致就可以判断团队成员的情况。通过检查这五个事项，我们也可以重新检查我们的成员在成长驱动中的动力、努力程度及应对失败的策略。

课程小结

　　如果我们期望通过成长驱动来推动每个员工，实现他对自我成长的追求，一个成功的案例、一个失败的故事、一个明确的目标、一份愿意为之付出的努力和对未达成目标的风险预估，就构成了一份成长清单。在管理过程中，我们面对每个人，脑海中都可以按照这份清单上的五个要素挨个做一次检查。如果具备了则打钩，如果没具备，则需要我们作为管理者去了解，了解我们每名成员的故事，最终这份清单将会帮助管理者推动每个人努力实现他所追求的自我成长，从而拨开团队发展中的迷雾。

20

成长驱动

追求发展？一份清单助力团队拨开发展迷雾

布置作业

我们的作业就是对照这份成长清单，写出三名你的团队成员的成长清单，然后看看，有哪些是这份清单中欠缺的？如果欠缺就快快补起来吧！

21 关系驱动

团队难带？处好关系轻松激活团队活力

21
关系驱动

团队难带？处好关系轻松激活团队活力

通过一份有五大事项的成长清单，可以帮我们检查我们的员工是否实现了成长驱动，另外还有一种非常关键的驱动，叫作关系驱动。

什么是关系驱动呢？

我还是先和大家分享一个我自己的真实故事吧。

2016 年底，我从 58 同城离开，在加入创业公司人人车之前，我有一趟私人旅行，是去南方一个美丽的城市，就在结束旅行回北京的飞机上，我内心深处突然产生一种强烈的情感，就是对原来 58 同城团队的牵挂和想念。

我自己加入 58 同城的时候，是从零开始建立的 58 同城的金融事业部，所有的员工也是我一个一个招聘进来的，但因为职业发展的需要，我要离开这个团队，加入一个新的团队，那一瞬间，团队中的每个人都浮现在我的眼前。就在那一瞬间，我深深地体会到，团队管理到最后就是一份关系的经营。

这份关系的经营还是双向的，所谓双向就是在我离开这个团队之后，这个团队的成员经常会约我参加各种饭局。在饭后大家都会回忆起当时在一个团队时的某些瞬间，而最后大家会留下一句：老徐，好怀念你在的时光，觉得这是自己职业生涯中最幸福的一段时间！每次听到大家这样的感叹，让我更深刻地感受到所谓团队管理就是这样一份关系的经营，而这份关系最高的境界就是彼此成就。

所谓的关系驱动，不是说因为我们是管理者，成员就是我们的下属，就应该时刻听我们的，这是一种错误的关系。正确的关系驱动，是在团队管理的过程中能够双向成就。怎样才能通过双向成就的关系来驱动我们的团队管理呢？其实只需要三步。

第一步，要有共同的事业目标，这是双向成就关系的前提。

为什么我会特别强调共同的事业目标呢？事实上从管理

团队难带？处好关系轻松激活团队活力

者加入一家公司，到员工加入管理者的团队，大家本身就是在一个共同的大事业目标之下。比如，我当初从零开始搭建金融事业部，我和团队成员共同的目标就是把这个事业做起来，能够帮助更多的用户享受到金融的服务。

如果大家没有这个共同的目标，那么彼此的成就关系就不成立。如果我的目标是自己挣很多钱，员工的目标也是他能领更多的工资，那么我们的目标都是各自的目标，无法相互成就，甚至会相互冲突。所以共同的事业目标，是团队关系能相互成就的前提。

第二步，要进行专业的价值输出，这是相互成就的根本。

什么是专业的价值输出？简单而言，作为管理者，就要为团队输出专业的管理方法，掌握了专业的管理方法才能为团队管理输出价值。同样作为员工，无论是在什么岗位，专业能力都是立身之本。所以只有我们把各自专业的事情做到位，我们才能在团队中相互成就。

当然，专业的价值输出正是在我们共同的事业中一步步建立起来的，在大家共同的事业中，每一天都输出自己的专业价值，才能实现共同的事业追求。

第三步，管理者应有成就他人之心，这是彼此成就的动力。

老徐在前面跟大家分享过，管理的本质是激发他人的善意，也就是成就他人。对于每一位管理者而言，管理并不是高高在上发布命令，这种发布命令的方式也不是在成就他人，而仅仅是通过命令让别人完成任务。成就他人之心，是成为管理者的基础动力。我们作为一名管理者，如果没有想通过管理的过程去成就他人，那么团队的管理根本不可能产生活力。

同样，对于员工而言，成就他人，一方面是通过自己专业价值的输出成就我们的客户，而在成就我们客户的同时，也是在成就我们共同的事业，而成就共同的事业，同样意味着成就了我们的管理者。所以成就他人之心，于管理者，于员工，都是属于相互成就。我们在团队管理中，要激发团队的活力，要成就团队成员和管理者，最根本的动力就在于彼此都愿意相互成就。

团队难带？处好关系轻松激活团队活力

课程小结

为什么要关系驱动？其实是激发团队活力的根本。因为最好的关系就是在团队中彼此成就，这种彼此成就的关系，会让管理者、团队中的每个人都能感受到自身在不断提高，都能感受到这种彼此成就的关系是最为坚实、最值得人信赖和渴望拥有的关系。

同样，这样一种彼此成就的关系，会让我们真正理解团队的管理本身即是一件利他之事，只有先做到了利他，才能够利己，才能够彼此成就。

在你的团队中，因为你时刻都在成就你的员工，你的员工也在通过自我的专业价值输出成就客户。反过来，客户也会成就你们的公司，最终成就你们的事业。所以彼此成就的关系将指引我们在管理的道路上越走越远。

布置作业

我们的作业就是写出一个你曾经成就过的他人，和大家一起分享一下你是如何成就他的，同时在成就他的过程中，你又是如何通过成就他从而成就了自己呢？